幸福論

「しくじり」の哲学

中田敦彦
Atsuhiko Nakata

徳間書店

はじめに

強くなれば、成功すれば、幸福になれるのか？

「まだ何者にもなれていない」

そういうひとから相談をたくさん受けるようになった。結果が出ない、成果が出ない。もっと有名になりたい。もっと稼ぎたい。そういうひとのために、本屋にはたくさんの本がある。行動せよ、工夫せよ、イノベーションを起こせ。強くて激しい本がたくさんある。

ぼくもこれまでにたくさんの「激しい」本を出してきた。ためしにいままでぼくが出してきた本の表紙を並べて眺めてみた。

受験に受かるための本『大合格』、才能を見つけるための本『天才の証明』、プレゼンを上達させるための本『僕たちはどう伝えるか』、大人のための勉強法『独学の教科書』、モチベーションを保《たも》つ本『中田式 ウルトラ・メンタル教本』。

そのすべてが、強くなるための本だった。ブレイクしては凋落《ちょうらく》して、また立ち上がる。その節目がくるたびに本を出した。思えば激しいキャリアだった。

というのもぼくはこれまでに、いろんなことに手を出してきた。かなりの紆余曲折《うよきょくせつ》と浮き沈みを経てきた。

思春期のころにエリート官僚になろうと決意して猛勉強を重ねたが、いつしかお笑い志望へと宗旨替《しゅうしが》え。運よく芸人になっていきなりブレイクするも、人気を永《なが》らえさせることは適《かな》わず低迷。ダンスミュージックに活路を見出し紅白歌合戦にまで出演するも、奇襲作戦ゆえヒットは続かず。

間髪を入れずオリジナルTシャツの物販を開始、見栄《みえ》もプライドも捨てて、売るためになんでもやった。同時期にテレビからYouTubeへと主戦場を移そうと模索。さらにそれらと連動しながらオンラインサロンを開設し、現在に至る。

ぼくはただ、人生に熱狂して、祭りのように毎日を夢中で生きてきた。もっとも恐れていたことは、変化と進歩のない退屈な毎日だった。強くなりたかった。だれにも文句が言えないほど成功したかった。

そうした思いや考えが、YouTubeで数十分に及ぶ動画を毎日アップしたり、オンラインサロンメンバーと刻々やりとりをし続けるといういまのぼくの日々につながっている。

そうして、YouTubeがヒットした。周囲の反応は大きく変わった。先見《せんけん》の明《めい》がある成功者のようにあつかってくれるひとも増えた。そしていままた出版社から本を出す話をいただいて、ふと思った。

「確かにまた、うまくやれたかもしれない。でも……これが幸福か？」

成功としくじりを繰り返す、終わらない祭り。でも、大切なことを見落としているのかもしれない。今度こそ、そのことについて書かなくてはいけない気がした。

そこでぼくは決めた。この本では自分の来し方を振り返り、行く末を見定める試みをしたい。出来事ベースというよりも、そのときどきでなにを思い感じたのか。そしてこれからどうしようと考えているのか。成功と幸福の関係を知るための「しくじりの自叙伝」を綴《つづ》っておこうと思う。

それがいまの時代を生きるための幸福論を含むものとなって、手にとってくれたひとに参照してもらえるところがあったらなによりだ。

老若男女を問わず同じ時代を生きるひとたちと、この本をきっかけにともに歩み、学んでいくことができたらこの上なくうれしい。これは本編でも強調するところなのだが、ぼくには先見の明などありはしない。しくじって、怒られて、恥をかいて。笑われて笑われて、生きてきただけだ。そして「なけなしの仮説」にたどり着いた。強くなりたいひとへ。幸福になりたいひとへ。世界を残酷だと思っているひとへ。今度こそ、本当の言葉で語れたらいいと思っている。

この本を、いままでぼくがしくじり続けても見守ってくれた人々と、一緒に夢を追いかけてくれた相方・藤森慎吾、そして、ぼくを信じてともに歩いてくれた妻・萌に捧げる。

contents

目次

Episode 8

「自分」とは現象の蓄積である

Episode 9

ひとりでは生きられない

Episode 1

ひと口のジュース

祖母がいつも見ていてくれた

病身の祖母を見舞いに行ったとき、顔を合わせるなりこう言われた。

「いつも観てるわ、『ヒルナンデス！』の社交ダンス。いいわね、あれ」

身体も楽じゃないだろうに、観ていてくれたんだと驚いた。

「ありがとう。そうそう、がんばってるんだよ」

自分が夢中で取り組んでいることを応援されたら、うれしいに決まっている。ましてや当時のぼくが最も注力していたのは、まさにその社交ダンスだったのだ。

2013年のことである。

ぼくらオリエンタルラジオは、お昼の情報バラエティ『ヒルナンデス！』の火曜日レギュラー出演者だった。

番組内で「あさこ&中田の社交ダンス踊るンデス！」なる企画が立ち上がった。いとうあさこさんとペアを組んで、社交ダンスに挑む。社交ダンス1級資格の取得を目指して、2ヶ月間の猛特訓をすることとなった。

ぼくは本気で企画に臨《のぞ》んだ。社交ダンスのトレーニングを集中的に受けるのだが、ぼくは番組の盛り上げに必要な範疇《はんちゅう》を超えて、ハードに練習に打ち込み、自分を追い込んだ。

自分がレギュラー出演している番組なのだから、どんなコーナーにも全力でかかわろうと思ったし、ダンスのように体のキレが求められる企画は得意分野だった。

加えて、厳しい条件のなかでなにかに挑戦すること自体がぼくはとても好きだ。困難な状況を「ゲーム」と定義して、クリアするために熱中するのは昔から変わらぬぼくの基本的な性格だ。

全身全霊で打ち込んだ甲斐《かい》あって、ぼくらのペアは順調に腕を上げた。テレビのコンテンツとしての注目度は上がって行った。数ヶ月にわたって続いたその企画を、たくさんのひとが欠かさずチェックしてくれるようになった。

そのうちのひとりに、ぼくの母方の祖母がいたというわけである。

小さいころから祖父母のことが大好きだった。小学校が長い休みに入るといつも、祖父母の家を訪ねて長く滞在した。あの世代にしては珍しく無類のテレビゲーム好きだった祖父。ぼくは祖父が孫そっちのけでプレイしているのをずっと眺めていた。いっぽう祖母は母に似て天真爛漫《てんしんらんまん》で、ずっと喋《しゃべ》り続けていた。それがとても居心地が良かった。

そのころはずいぶん若々しく元気に見えた祖父も、しばらく前にこの世を去った。以来ひとりで暮らしてきた祖母も、歳のせいか体調を崩しやすくなった。重い病気が身体に見つかり、入院生活が長くなっていった。

社交ダンスの企画が佳境に入っていたころに、ぼくは家族から連絡を受けた。祖母がいよいよ危ない。会っておいたほうがいいと。

それで取るものも取りあえず、見舞いに駆けつけた。

「ばあちゃん、俺だよ。来たよ」

努めて明るく言うと、

「まあ敦彦。わざわざありがとう。忙しいでしょうに」

ずいぶん喜んでくれて、『ヒルナンデス!』をチェックしてるのだとさっそく伝えてくれた。

話をする祖母は意外に元気そうで、少し安心した。

祖母はかなり熱心に番組を観ていて、

「来週はどうなるの？　教えてくれない？」

と訊《き》いてくる。来週といえばちょうど、出場した大会の様子が放映される予定だった。果たしてぼくらは優勝できるのか？　という最大のヤマ場を迎えるところ。せっかくならオンエアでドキドキしてほしい。

「いやいや、それはいま聞いたら楽しめないよ！　来週の放送がいちばん観てほしいクライマックスなんだから」

笑いながらそう伝えると、祖母はこう返事した。

「来週は見れないと思うの」

瞬間、背筋がこわばった。

来週はもう自分はこの世にいない。

祖母はそう言っている。

いっけん元気でいるようで、状態はまったく思わしくなかったのだ。ショックだった。

露骨に動揺するわけにもいかない。わかったじゃあ言っちゃおうと、番組の流れを身振り手振りを交えて話した。悲しい雰囲気をかき消すように、なるべく笑ってもらえるように。

ぼくらのペアは見事入賞して決勝へ進むんだ。でも惜しくも優勝はできず、準優勝で終わるんだよと。

祖母は笑ったり驚いたり感心しながら話を聞いて、話が終わるとひと言、こう言った。

「ああ、おもしろかった。もう思い残すことない。敦彦、ありがとう」

見舞いから数日後のこと。祖母が臨終を迎えたとの連絡が入った。

祖母の予感は当たったのだった。

最期の言葉

祖母の最期《さいご》の様子は、母親から聞いた。死の旅路につくとは思えない何気なさだったという。

容態が急に悪化したので、母は病院で祖母に付き添っていた。夜、唐突にジュースが飲みたいと言い出した。母が自販機で買ってきて、ベッドでりんごジュースを飲ませると、ほっとした表情で眠りについたという。

翌日は、いよいよ衰弱が激しくなった。意識がある時間はかなり短い。わずかのあいだ目を覚ました折りに、

「りんごジュース、おいしかったわ……」

祖母はしみじみと呟《つぶや》いたそうだ。

そのまままた意識は遠のいて、それきりもう目を覚ますことはなかったという。

大好きだった祖母のそんな様子を聞くのはつらかったけれど、なにか大事なヒント

を祖母に教えてもらった気もした。

「ジュース、おいしかった」というのが最期の言葉か。

ひとは生きているあいだ、実にいろいろなことを考える。大きな夢を見る、葛藤《かっとう》をする。

でも最終的には、いろいろなものは削《そ》ぎ落とされて、

「これおいしい」

とか、

「会えてうれしい」

といった、素朴でシンプルなことだけが残る。少なくとも祖母はそうだった。

そのことについて考えたとき、とても大事な「感覚」が湧《わ》き上がってきた。

世界のさまざまな物理法則がひとつの定理として目の前に浮かぶように、すとんと自分のなかで理解できそうな感覚だ。

知識や言葉としてではなく感覚として得ることができたのは、祖母が大事なことを体験させてくれたからに他ならない。

とても大きな思い違いをぼくはしていたんじゃないか。人生を難解なものだと決めつけていたんじゃないか。

こんなにもたくさんの悲劇と愛憎に満ち満ちている世界がシンプルなわけがないとどこかで思い込んでいたんだと思う。

昔、テレビ番組のロケで、日本を代表する数学者である藤原正彦氏に出会ったときに彼はこう言った。

「素晴らしい定理は、間違いなくシンプルで、美しいのです」

ぼくに湧き上がった感覚はまだ、定理とは言えない、仮説ともいうべき感覚だった。

それが正しいのかどうかを確かめるためには、もういちど丁寧に半生を振り返ってみる必要があるだろう。

これまで歩いてきた無様《ぶざま》で滑稽《こっけい》なぼくの道のりを見てみよう。じっくりと仮説を検証するように。

Episode 2

時間は嘘をつかない

浮き沈みの激しい芸人人生

『ヒルナンデス！』の番組内企画「あさこ&中田の社交ダンス踊るンデス！」は、好評のうちに完結した。

そもそもの企画が秀逸だったことなど、成功の要因はいろいろあるだろう。そのひとつに「ぼくの性向を活《い》かしきれたこと」も入れていいんじゃないか。ぼくはひとりこっそり自負していた。

ぼくは目の前にあるものにすぐ熱中してしまい、完璧《かんぺき》にやり遂げたくなるタチだ。短期間で社交ダンスをマスターし、本格的な大会で優勝を目指すという企画は、そんなぼくがもっとも「燃える」シチュエーションだったわけである。

こうしたテイストの企画は、ぼくの「勝ちパターン」となってくれた。

『ヒルナンデス！』で社交ダンスに打ち込んだ翌年のこと、『しくじり先生　俺みたいになるな!!』という番組がはじまった。

過去に大きな失敗をしたひとが、その経験をつまびらかに話し、みんなの教訓にしてもらおうというバラエティ番組。

自慢話よりもひとの失敗話のほうがずっとおもしろいのは世の真理である。目の付けどころがすばらしい企画だ。

ぼくらオリエンタルラジオは、番組がレギュラー化した第1回の放映に、講師の立場で出演した。というのもぼくらはその時点で、ずいぶん激しい浮き沈みを経験していたから。

藤森慎吾とぼくのコンビでデビューしたオリエンタルラジオは、早いうちに「武勇伝」というリズムネタでブレーク。一時は冠番組をいくつも持つほどの人気を博した。けれど、ほどなく失速。トントン拍子で芸能界を駆け上がったぼくらには結局、覚悟も実力もまだまだ足りなかったということだろう。

話題性も仕事も激減。が、なんとかそこから這い上がることができた。

どんな手段で再ブレークしたか？　ふたりそれぞれの強みを活かすかたちで、だった。

まずは慎吾が「チャラ男」キャラで人気をとるようになったのだ。彼はもともと、そこにいるだけで周りを明るく照らす「華」がある。そこを極端にデフォルメして打ち出し、キャラクターを鮮明化したのだ。

テレビの世界では、キャラクターが立っていることはなにより重要。だれもやっていない新しいキャラをつくり出せれば、ポジションを得ることは可能だ。そこで慎吾は、あまりに軽くてどうしようもない、けれど憎めないヤツという立ち位置を見事に確立。どんどん露出を増やしていった。

さてぼくはどうする？　社交ダンス企画がそうだったように、目の前のものにバカみたいに熱くなり、最後には成功させる。熱くて理屈っぽいけど結果を出すよ！　というキャラクターを打ち出して、ある程度の成功を見た。きっと同じようなキャラの芸人は当時おらず、いわば席が空いていたのだ。

つねに時間は限られている

ともあれぼくらオリエンタルラジオは、早いうちから激しい浮き沈みを経験したことが幸いして、『しくじり先生　俺みたいになるな!!』の第1回に講師役として呼んでもらえたのだった。

幸い放送は好評だった。そうしてぼくはといえば、熱くなにかを伝える先生っぽいふるまいがなかなかハマっていたと褒《ほ》めてもらえた。その後も「非常勤講師」として定期的に番組に出演できるようになった。

非常勤講師は毎回、歴史上の偉人などの著名な人物を取り上げ、その人生模様を失敗を起点に解説するという役回りだった。ぼくは自分に与えられたこのコーナーをとにかく徹底的につくり上げていった。

まず番組スタッフとの打ち合わせがあり、そこで取り上げる人物とテーマを決める。そこから自分なりに情報収集し、なにをどう語ればおもしろくなるか、試行錯誤しながら練習する。
次の打ち合わせで、「この順番でしゃべりたいと思うんですけどどうですか？」と実演してみる。そこではおもしろいかおもしろくないかのジャッジだけでなく、用いるトピックの精査も行われる。トピックによっては事前にファクトチェックが必要になる。その結果、「専門家によればその史実は確定していないそうだから、全面的に見直そう」といった事態もままある。それらを踏まえて、修正すべきところは修正し、自宅でリハーサルを繰り返す。

収録は月に一度だったので、そのあいだはずっとこうした地道な作業を続けた。ぼくの言葉が伝わるかどうか？　そこがすべての勝負だと思い、なにを語るか、どう語るか、要するにプレゼンのかたちを徹底的に磨いていった。

収録の前日には、内容をひと通り妻に話してみる。当日は楽屋で、スタイリストさんに同じ内容を話す。さらにはディレクターさんにも聞いてもらう。そうやって最低でも3回フルでひとに聞いてもらってから、本番に臨《のぞ》んでいた。それくらいやらないと「よく練ってある」という雰囲気を醸《かも》すことはできない。

『しくじり先生　俺みたいになるな!!』は、比較的練り上げる時間がたっぷりとれたからよかった。仕事によっては、時間的にもっとタイトなものはたくさんある。けれどぼくはどんなときも、与えられた時間内でできるかぎりの準備をするよう心がけている。結局のところ、時間内にできたアウトプットが、そのまま実力のすべてだと思うからだ。

なにかを為《な》すときには必ず条件があり、その条件下で結果を出すしかない。その条件の最たるものが時間である。ぼくはいつもどこか「自分に与えられた時間をフルに活用しなければ！」という強迫観念に近いものを抱いている。やれる余地があるのになにもしないなんて、ぼくからすれば怖ろしくてとうていできない。

「このまま」はいつまでも続かない

これはほかのテレビ番組の現場だが、そのあたりのことを痛烈に感じた経験がある。

ぼくはそのトークバラエティ番組に、いわゆる「ひな壇芸人」としてしばしば出演していた。残念ながら、メインを張るMCではない。そのMCに話を振られてうまく番組のピースのひとつになるための、「その他大勢のうちのひとり」だ。

ひな壇芸人たちの控え室は個室ではなくて、まとめて大部屋になっていることが多い。あるとき本番までの待ち時間のあいだ、みんなで寄り集まって野球の話に興《きょう》じていた。ぼくも加わるでもなく離れるでもなく一緒にいた。

そのときにふと、「怖ろしさ」がやってきた。

ぼくはなぜこんなに屈託《くったく》なく笑って、野球の話で盛り上がっていられるんだろう？ いつまでもこのままでいられると信じてしまっているのはなぜなんだろう？

その番組はもう5、6年も続いていた。出演者の入れ替わりもあまりない。それだけ安定した人気を誇っていたということで、喜ばしいことではある。

でも……。ぼくはどうか。その環境に甘んじて、成長を止めてしまっていないだろうか。

6年前、ここにいる芸人はみんな次世代のホープと期待されてひな壇に選抜されたはずだ。そのころには、たとえばＭＣの座を奪ってやろうという気概《きがい》もあったはず。が、いまはどうだろう。今日の収録だって、もうすっかり手馴《てな》れたものだから、特別にがんばらなくたって仕事はこなせるという安心感が、どこかにあるんじゃないか。

ぼくらはすぐ、あらゆることに慣れてしまう。自分の乗っている船はいつまでも順調に航行を続けると信じ込んでしまう。もしも船が不測の事態で沈みかけたら、自分は対処できるだけの力を蓄《たくわ》えているのかどうか。人気番組だって、いつ終わってしまったっておかしくはないのだ。

いったん気づいてしまうと、怖くて怖くて、居ても立ってもいられなくなった。そのままじっと同じところにいて時間を使ってしまうなんて……。ぼくはそんなリスクを冒《おか》す気には、とうていなれない。

自分から動くべきなのだ、現状を変えるために。

「変える」といっても、いまいる環境から飛び出すばかりが方法じゃない。そこに居続けたっていいし、飛び出したってもちろんいい。大事なのは、自分のスタンスを明確にすることだろう。自分の価値観に基づいて時間を使っていくということだ。

ぼくの場合は、いつだって目の前のものに熱中してしまうというもともとの性向があるのだから、これをなんとかプラスに活かしていくのがいちばんだろうと思った。自分のなかで熱狂できるものを、つねに目の前に置いておく。そうしてまんまと自分をなにかに「ハマらせ」て、結果を出していく。それを生きる戦略の柱に据《す》えようと決意した。

ぼくの活動領域が幅広く(節操なく)、次々に新しいことをしていく印象があるとしたら、それはそうした決意によるものなのだと思う。

Episode 3

二番目に手を挙げる

『PERFECT HUMAN』で「紅白」に

「一介《いっかい》の芸人かと思っていたら、いつの間にかあれこれやるようになって……」

「次にどこへ行くのか、なにを企んでいるのか。読めないから危なっかしいったらない」

年齢を重ねるごとに、そんな言われ方をすることが増えた。

退屈がとにかく怖い。いつだってなにかに夢中になっていたい性向なのは、小さいころからずっと変わらない。いいトシして、いつまで中二病みたいなことを言っているのやら……。自分でもそう思うけれど、どうにも変わらないのだからどうしようもない。

しかしそもそも、次に自分がなにに取り憑《つ》かれ、夢中になってしまうのか、情熱がどこへ向かうのか、予想できるひとなんているだろうか？

テレビ『しくじり先生　俺みたいになるな!!』が好評だった時期もそうだった。世間的に見れば、オリエンタルラジオの人気はそこそこ安定していた。そのままの路線でいけばいいフェーズだったのかもしれないが、ぼくは自分ですら思いもよらぬ「次なる一手」を繰り出してしまった。

音楽、である。ダンスミュージックで一世を風靡《ふうび》してやろう！　ぼくはなぜかそう思い定めてしまった。

それで生まれたのが、いまも多くのひとに知ってもらっている『PERFECT HUMAN』だ。ダンス＆ボーカルユニットのRADIO FISH名義で、2015年にリリースしたものである。

RADIO FISHはぼくらオリエンタルラジオと、ダンサーとして活動しているぼくの弟FISHBOY、同じくダンサーのShow-hey、SHiN、RIHITOの6人からなるチームだ。メインボーカルとMCは相方の慎吾が務めた。じゃあぼくはといえば、「象徴」のような存在とでも言えばいいか。

『PERFECT HUMAN』では、ぼくはサビのところで突如《とつじょ》として登場し、中心で崇《あが》め奉《たてまつ》られるようにして踊る。ひとしきり踊ったあとで、小首をかしげてポーズをとり

ながら、

「I'm a perfect human.」

と決め台詞を発する。このくだり、当時はかなり流行したものだ。

リリース翌年の2016年末には、日本レコード大賞企画賞を受賞した。そしてなんと同年の大晦日、NHK紅白歌合戦にまで出演してしまった。

打ち出した新機軸がここまでうまくいくとは……。勝算はもちろんあるつもりだったが、これほどの成功は自分でもちょっと予想していなかった。

お笑い芸人だからこそやれる音楽とは？

大ヒットした『PERFECT HUMAN』は、どんな経緯でできあがっていったのか。

当初のぼくの狙いは、オリエンタルラジオのデビューネタにして代表作「武勇伝」を刷新《さっしん》することだった。せっかくの持ちネタである。時代に合わせて、またぼくらの成長に応じたアップデートができないものか。模索していたのである。

が、なかなか妙手が浮かばない。そこで、少し理屈っぽく考えてみた。

「武勇伝」はリズムネタである。速いテンポのリズムに笑いのネタをのせてグルーヴを生み出し、お客さんの気持ちを巻き込みながら展開させる。ぼくらとお客さんが同じノリを感じられれば、ネタの中身がどうあれ笑いはどんどん生み出せるようになっていく。

ということは、これ、ほとんど音楽じゃないか？　演者とオーディエンスがノリを共有して互いに気持ちよくなるのだから。快感と高揚の生み出し方が、音楽と同じなのである。

なるほど、リズムネタは突き詰めると音楽だ。

ならば「武勇伝」をイジるよりも、新しい音楽をやってしまったほうが拡がりも出るんじゃないかと思い至った。

お笑い芸人がやるからこそ意味のある音楽のかたちが、ひょっとしたらあるのかもしれない。そう考えたらワクワクしてきた。これは自分が熱中してやれそうなことだ。

ただ、もう少し考えを詰めないといけない。音楽をやるのはいいとして、さすがにぼくらオリエンタルラジオが歌声一本で勝負できるほど世のなかは甘くない。

たしかに慎吾は、かなり歌がうまい。さすが「チャラ男」というべきか、カラオケが得意中の得意。それでも本職の歌い手とはレベルが違うに決まっている。

ならば歌をメインに据《す》えず、ダンスミュージックでいくのはどうだろう？

身体のキレなら「武勇伝」のパフォーマンスで磨いてきたし、ぼくらには舞台慣れしているという強みもある。そう、番組の企画で社交ダンスに打ち込んだことなんかも活《い》かせそうだ……。

さらには、ぼくの弟はダンサーなのだ。彼に聞けばダンス界の現状がわかるだろうし、なんなら彼も引き入れて一緒にプロジェクトを進めるのもいい。

弟に相談してみると、ダンス界の課題をいろいろ教えてくれた。彼は言った、日本はまだまだなんだと。

米国じゃダンサーといえばパフォーマー、アーティストとして大いにリスペクトされる存在。トップ層は高額のギャラを手にしている。日本にはそういう土壌がまったくできていないという。

なるほど確かに日本では、ダンスがエンターテインメント界の中心であったためしはないかもしれない。主流はいつも歌謡曲的な文化だったろう。舞台の中心に歌うひとがいて、その歌い手を盛り立てるために周りに演奏者や踊るひとがいるというかたち。

ことは音楽にかぎらない。日本では「主役＋多くの脇役」という編成に馴染《なじ》みがある。野球がいい例だ。ピッチャーという主役を中心に、グラウンドには8人の野手が散らばっている。バスケットボールやサッカーみたいに、チーム全体がひとつのうねりになるものも近年でこそ人気だが、その歴史はまだ浅い。

集団芸ともいうべきダンスミュージックの定着も、日本ではまだまだこれから。ならばぼくらもその一助になろうと考えた。

先行例に乗じる

もちろん、「流れ」がきているという確信と勝算はあった。日本のエンターテインメント最前線では、ダンサーに陽が当たりつつあったのだ。

流れを先導していたのは、言わずと知れたEXILEファミリー。

EXILE本体はもとより、三代目J SOUL BROTHERSやGENERATIONSと、あのころにはさまざまなグループが表舞台に出てパフォーマンスを繰り広げていた。

彼らのパフォーマンスにはボーカルもいるが、そこだけ注目されるようにはなっていない。ダンサーすべてに陽が当たるつくりになっていて、そのひとりひとりがアーティストとして輝いていた。

EXILEのダンサーたちはその後、単独でドラマに出たり、テレビ番組のMCを務めたりすることも増えていく。彼らの存在はすでに浸透して、もうだれも「なんでバックダンサーがMCやってるの?」なんて思ったりはしない。「あ、EXILEのパフォーマーが出てる！」とごく自然に思うだけだ。

ファミリーのリーダーであるHIROさん自身がダンサーだからこそ、ダンサーを独り立ちさせるしくみを目指し、実際に築き上げられたのだろう。流れを生み出そうと企図《きと》して実践してしまうとは、端的にすごい。

この機に乗じて俺たちもやろう！　ということだったわけだ。他人の褌《ふんどし》を借りて……、と思われるだろうか？　いやいや、時代の流れには敏感であるべきだし、これをうまく活用することは、物事を成功させるひとつの大きな秘訣である。

それに、だ。

「二番目に手を挙げる」

というのは、ぼくの得意なパターンでもある。すでに芽の出ているおもしろいものを早いうちに見つけ出し、そのジャンルを丸ごと好きになって熱中する。それをできるのがぼくの強みだと、自分で認識している。

マーケティング用語に「アーリーアダプター」という言葉がある。新しい商品やサービスをいち早く受け入れ、活用し、拡めていくひとのこと。

ぼくは明らかにアーリーアダプターとしてのふるまいが得意だ。なにもない荒野を耕してどこにもなかった芽を見つけ出す「最初のひと」というよりも、「二番目にやってくるひと」。これは善《よ》し悪《あ》しではなく自分がそういうタイプなのだから、強みに変えていかない手はないのだ。

あの時期に「ダンスミュージックをやるぞ!」と躊躇《ちゅうちょ》なく言えたのは、アーリーアダプターとしてのぼく自身の感覚を信じていたからこそだ。

弱点は個性

『PERFECT HUMAN』をヒットに持ち込めたのはタイミングがすべてだったのかといえば、そうでもない。別の力学も働いていた。この成功はメンバーそれぞれの熱意と力量を、最もよく発揮できる方法が模索された結果だ。

実は『PERFECT HUMAN』は、RADIO FISHの最初の楽曲ではない。ダンス&ボーカルユニットとしてのRADIO FISHは、先に述べた意図と方針のもと『PERFECT HUMAN』が出る前年の2014年に活動をはじめ、すでに4曲をリリースしていた。ただあまり注目されていなかっただけで。

音楽をやりたいんだ！　という熱に浮かされてはじめたRADIO FISHだったが、最初はなかなかしっくりこなかった。なぜだろう？　明確にわかったことがひとつ。どうやらぼくが足を引っ張っている、という事実だ。

ぼくと慎吾以外のダンサーたちは、もともと優れたプロフェッショナルだ。パフォーマンス自体は高いクオリティを保《たも》っている。慎吾はどうか。ダンスはともかく歌はなかなかのレベルでこなしている。聴くに充分堪《た》える。

問題はぼく自身である。ダンスがプロと比べてしまえば見劣りするのは当然。加えてぼくは、歌があまり得意じゃない。

「音楽やろうぜ！」と言い出した当の本人が元凶なのである。途中でぼくはその受け入れ難《がた》い事実を突きつけられた。ふつうならそこで心が折れ、裏に引っ込もうとするかもしれない。けれど、そのときのぼくはそうしなかった。

このプロジェクトの目的は、ダンスミュージックで成功すること。そして、かかわる人間がみんな最大限に熱くなれることだ。ぼくが裏に引っ込んでしまったら、ぼくがたぎらせていた熱量は消えてしまい、当初の思いが成就《じょうじゅ》しない。

なにか方策を考えなくてはいけない。

そこでまず、曲の内容にひねりを加えた。いっそぼくをなんらかのカリスマと想定して、みんながぼくを呼び込む歌にしてしまえ。そういう設定にしたうえで、ぼくはサビがくるまでうしろに控えておく。それまではほかのメンバーが存分に能力を発揮し、高質なパフォーマンスを披露する。

曲がサビに差しかかり、ハイライトを迎えると、

「ナ・カ・タ　ナカタ　ナ・カ・タ……」

の呼び声に押されて、いよいよぼくの登場。短い時間で、できるかぎりのパフォーマンスをする。これならぼくの能力不足は露呈《ろてい》せず、作品の完成度と熱量を上げることができる。

プロセスそのものが目的である

そうして出来あがった『PERFECT HUMAN』は大ヒットを記録し、紅白歌合戦にまで出場するほどのブームを巻き起こした。思った以上に派手な音楽活動ができて、ぼくは大満足だった。

想定外で紅白までいってしまって、そこから先はどうするか。選択が分かれるところだ。

ぼくをはじめメンバーそれぞれがRADIO FISHを大切にしつつ、また新たにやりたいことを追求していくことになった。

ぼくからすれば、その選択はごく自然なことである。

音楽を生涯の生業《なりわい》にするのだという道は本業のひとでもとても険《けわ》しい道だ。是《ぜ》が非《ひ》でもダンス一本で食っていく！　という決意や実力だって、もちろんない。ぼくはただ、熱狂できるなにかが欲しくて、あのときは音楽で自分を燃焼させたかった。

そう、ぼくはいつだってなにかに「なる」ことを目的とはしていない。ただひたすらそれを「やる」ことが重要だと思っている。

そもそも音楽に取り組む前だって、ぼくは芸人に「なる」ことができていたのかどうか？　そう自問すれば、心許《こころもと》ないところもある。ただし、芸人としての仕事やパフォーマンスを「やる」ことをしていたのは間違いない。ステージに立ってコントや漫才をやり、テレビ番組に出演する活動は確かにしてきたのだ。

思うに物事は、目標に達すること自体が楽しいんじゃない。目標に向けてなにかをやっているときがいちばん楽しいのだ。

夢と呼ばれるものは、そういうしくみだ。だれしも夢が叶《かな》うことよりも、夢を追っている時間こそ楽しくてしかたないはずなのだ、きっと。

ということは、夢へ向かう道のりをどれだけ楽しもうとするか。それが勝負である。だから途中で「本当に夢を叶える才能が自分にあるのか」なんて考える必要はどこにもない。

夢が叶おうが叶わなかろうが、本当のところはどっちでもいいのである。それよりも、プロセスを味わい尽くした者の勝ち。ぼくはそう信じている。

ぼくが「飽きてしまうのが怖い」というのも、ここにかかわっている。目標や夢を達成することに重きを置いてしまうと、それが叶ったとき、瞬間の爆発的喜びとともに、とんでもない寂しさが襲ってくる。そのあとはひたすらすべてに飽き飽きした時間が続きそう……。

だからぼくは、熱狂していられるプロセスの渦中のほうが好きだ。そこにずっと身を浸していたい。

ただし、プロセスを長くしようとして、あまりに壮大な目標や夢を掲げてしまってもいけない。あまりに道のりが長すぎると、途中で熱が冷めてしまう。挫折のような感情だけが残りそうで、それはそれで怖いではないか。

そこでぼくはいつも、さほど長期にわたらず、手の届きそうな目標や夢を設定するようにしている。

そういえば受験勉強をしていた高校生のときも、とにかく薄い問題集ばかり買ってきて、全部やり切るという勉強をしていた。分厚い問題集では途中で心が折れてしまいそうだからだ。

モチベーションを無理なく持続させられる薄い本に取り組んで、最後まで終えたら「やったぞー！」と投げ捨てる。そんな勉強方法だった。

小さい達成感や成功体験を積み重ねると、そのうち自分なりの自信も生まれてくる。「やり切った」という感覚は、次へ進む原動力になる。

やり切った感をたっぷり味わえたぼくは、また別のことにも気持ちを向けられたのだった。

心が次にどこへ向くのか、そのときはまったくわからないままだった。実際にはYouTubeの世界へ足を踏み入れていくのだけれど、当時それを予想してみろと言われても、当人ですら絶対に言い当てられなかったに違いない。

Episode 4

「知」は最高の
エンターテインメント

中田敦彦の YouTube 大学

ありがたいことにいま、ぼくは YouTube の世界で名を知ってもらえるようになった。芸人からユーチューバーになって成功している代表格は、偉大な先輩たる「カジサック」ことキングコングの梶原雄太さんだろう。そこに名を連ねることができるようになったのならなによりだ。

2019年4月に開設し、日々更新してきたぼくの YouTube チャンネルは、『中田敦彦の YouTube 大学』という。

おかげさまでスタートから1ヶ月でチャンネル登録者数が25万人に達し、1年で200万人を突破できた。

ぼくにとっては、オリエンタルラジオでの「武勇伝」、RADIO FISH での『PERFECT HUMAN』に続いて、3回めの大きなインパクトを残せた仕事となった。

右も左もわからなかった YouTube の世界で結果を出せたのは、自分としても大きな自信につながる。

というのもYouTubeの世界は独自の生態系が築かれていて、いくらテレビに出ていて知名度のある人物だとしても、それがそのままチャンネル登録者数に結びつかないところがあるからだ。ぼくのような立場の者からすると、成功の法則をなかなか見出しづらかったのだ。

幸いぼくは過去の成功体験にあまり重きを置かないタイプなのでよかった。自分のなかに出来あがった成功法則に寄りかかるつもりなどない。むしろまったく新しいことをやるほうがワクワクするし、失敗や批判や逆境をある程度は楽しんでしまおうとする自分がいる。

特になにも恐れることなく、イチから自分をカスタマイズしていけたことが、YouTubeの世界で居場所を見つけることにつながったのだと思う。

ＰＤＣＡを高速で回す

YouTube のコンテンツにはいろんなジャンルが存在する。ぼくの場合は「教育系」というカテゴリーということになる。

「前から興味はあった、でもちょっと難しそうだから手つかずだったな」とだれもが思うようなテーマを取り上げて、できるかぎりわかりやすく、そしておもしろく解説するのが目的だ。

「学ぶって、楽しい」をコンセプトに据《す》えて、「YouTube ×教育×お笑い」の相乗効果を狙っているのである。

新しいジャンルへ参入するにあたっては、自分の強みを生かしていくことが肝要《かんよう》だ。

もともとぼくは芸人として一種の「プレゼン芸」を得意としていた面があった。

先に触れたテレビ番組『しくじり先生　俺みたいになるな!!』では、あるテーマについていかに説得力あるプレゼンをできるかが勝負だった。そこでプレゼン力を認めてもらえて、『中田歴史塾』という特番までさせてもらった。

YouTubeに活動の軸を移しても、長年培《つちか》ってきたこの能力がぼくを助けてくれている。

「教育系」コンテンツということで、当初は歴史、文学、ビジネスといった分野を取りあげて紹介してきた。その後はさらに数学や物理などの理系、さらに名作と呼ばれる漫画、はたまた都市伝説なんかにも領域を拡げていった。片足でしっかり基本路線は踏まえつつ、もう片方の足でさまざまな分野を探る、いわゆる「ピボット」をつねにしてきたのである。新しく流入してくれる視聴者層を探し続けなければ、勢いは維持できない。

YouTubeの動画コンテンツが消費されていくスピードは速い。それに合わせてぼくは毎日、新作動画をアップしている。1本につき20~30分のものが多いだろうか。

このペースで動画をアップしていくのはなかなか大変な作業ではある。ぼくの生活の大半の時間は、動画のためのインプット、準備、収録に充《あ》てられている。

学んで、すぐに出す。インプットしたら、すぐにアウトプットと慌ただしい。けれどこのリズムはぼくの性格にも合っているし、動画の鮮度を保《たも》つのにも寄与している。日々、新しい本を読んで知識を入れているわけだが、その段階では自分のほうが教えてもらう側、生徒役として存在している。

学習者であるあいだ、ぼくの内面は、なるほど、へえー、そうかわかった！　となかなか忙しい。そうした感情の揺れを、そのまま動画を観るひとにも味わってもらえるのが、速いサイクルで動画を更新しているメリットだろう。そう、講義型の動画を配信しているとはいっても、ぼくはなにも知識をひけらかそうというつもりなんてない。「学び」や「知」のおもしろさ、そのおもしろさとともに湧《わ》き起こる熱気、興奮、それこそを伝えたいのである。

YouTube の世界は回転が早いから、仮説と検証を繰り返してどんどん内容や見せ方を修正していけるのもいい。いわゆる「ＰＤＣＡ」をグルングルンと回せるわけだ。これはぼくの性に合っているし、ビジネス方面のマインドやメソッドを体得するのにも打ってつけの場だ。

ＰＤＣＡを回していく過程では、ヒットしている YouTube コンテンツはもちろん、他ジャンルのヒット作もどしどし参照する。うまくいっている他者を嫉妬《しっと》や悪口の対象にしていても意味はない。嫉妬するほど成功しているものを見つけたら、ぜひここから学びたい、そこにはなにかすごい秘訣が隠されているはずだから、と考えるべきだ。

いいものを見つけたら、近づいてよくよく観察し、真似《まね》できるところはないか検証する。そんなことをしていたら自分のオリジナリティはどうなる？　などと心配する必要はまったくない。なにかを必死に真似ていれば、その過程で自分の個性というのはきっと滲《にじ》み出てくるものだから。

ファンはどこにいるのか

それにしても、ぼくはなぜあのタイミングで、いきなりYouTubeへと舵《かじ》を切ったのか。その判断に疑問を抱く向きもあるだろう。たしかに転身前のぼくはテレビやラジオのレギュラー番組をいくつも抱え、まあそれなりにメディアで顔を見る芸人ではあったはずなのだ。

でもぼくはみずから、仕事の方向性を変える決断をした。そのきっかけは2017年あたりにある。

当時、RADIO FISHで出した楽曲『PERFECT HUMAN』が、大ヒットを記録していた。相方の慎吾もぼくも、中堅タレントとしてこのまま次なるステージへ上っていける気配はあった。

ただぼくは、表面上の「なんとなく」な事象だけを見て満足することはできなかった。現状をもう少し踏み込んで分析するべきじゃないか、という漠《ばく》とした不安があった。

そこで、自分たちのことをマーケティング的な視点から見つめなおしてみた。

すると、ひとつの事実に気づく。ぼくらが取っているテレビの視聴率は、一面では必要な数字に達していない。

いや、全体的にはおおむね好調だ。とりわけ20~30代の視聴者からは、なかなかいい数字が取れている。

けれど一方で、50代からの数字や支持が、さっぱりだったのだ。

つまりぼくらオリエンタルラジオは、自分たちと同世代かやや若い世代には、受け入れてもらえている。が、上の世代からのウケはどうもイマイチだった。

いまは地上波テレビの視聴層が高齢化してきている。50代以上の層がテレビ視聴のメイン層であって、これからその傾向はますます強くなっていくだろう。

メイン層からのウケがイマイチであるぼくらオリエンタルラジオは、地上波テレビの世界で今後、中核を担うポジションに立ちづらいんじゃないかという予想が立つ。

結果、ぼくはテレビで「自分の裁量で表現をやり切る」ことをあきらめざるを得ないと結論づけた。

なにかをあきらめるというのは、非常につらい。しかも、これまで懸命《けんめい》に闘ってきた場において、自分の限界を認めなくてはいけないというのは……。

とはいえ、そこでただクヨクヨしたり腐ったりしてしまうのは、もっとカッコ悪い。

ぼくはただなにかをあきらめるわけじゃない。ひとつの舞台をあきらめたら、そこから違う舞台を目指すのだ。これは闘いの場を変えるというだけ、と自分の気持ちを切り替えた。

視聴者の高齢化によって、地上波テレビと自分たちの存在の折り合いが悪くなると予想できるなら、みずから仕事の方向性を変えていかなければいけない。

さて、ではどちらの方向へ進むべきか。

そう考えていたとき、かつて耳にした島田紳助さんの言葉が頭をよぎった。

「同世代の同性がファンにいたら、その芸人はだいじょうぶ」

というものだった。

そうか。幸いぼくらには同世代のファンがいてくれる。同性のファンもあんがい多い。チャラ男キャラで売っている相方の慎吾は、男女分《わ》け隔《へだ》てなく広い人気を得ている。一方、ウンチクを述べ立てる芸風のぼくは、どちらかというと男性に支持されやすい傾向がある。

同世代の同性ファンを大切にするという観点から、今後の方向性を考えるのがいいだろう。ぼくらを支持してくれる層はいまなにに目を向けているのか。

その答えはすぐに見つかった。彼らの嗜好《しこう》は地上波テレビよりも、いまや配信動画にシフトしつつある。それはあれこれのデータを見てもわかるところだし、なにより自分の周りを見回して、そのひとたちのふだんの時間の過ごし方を訊《き》けば明らか。人気ユーチューバーが続々と登場して話題をさらっているのを見ても、時代の流れがどうなっているのかははっきりしている。

自分を支持してくれそうな人たちがどこを向いているか、なにが好きなのかわかったのだから、こちらからその世界に飛び込むしかない。

よし、YouTube の世界に分け入るぞ！　この判断は、ぼくのなかでは必然だった。

ぼくのはるか先にいた DaiGo さん

YouTube の世界へ飛び込むにあたって、ぼくが指針と定めたのは、メンタリストの DaiGo さんである。

DaiGoさんはそのころすでにテレビの露出を控え気味にして、YouTubeに力を入れていた。YouTubeでなにをすればいいか……、とキョロキョロしていたぼくにとって、DaiGoさんのYouTubeチャンネルは目からウロコだった。

というのもぼくは当初、テレビのバラエティ番組のようなものをたったひとりでつくらなくちゃいけないのか、これはたいへんなことだと思い込んでいた。もしくは、すでにユーチューバーとして売れているひとの真似をしなくちゃいけないのかもしれないとも。あの独特のテンポ、間の取り方、視聴者との距離感、いい意味での緩さ、そういったものをコピーすることなんてできるかな……、と感じていた。

そこへいくと、DaiGoさんは違った。恋愛やダイエットや対人関係といった事柄について、心理学的な観点から「これって実はこうで、ああで……」とひとり延々《えんえん》と楽しそうに話している。

ぼくらがもともと知っていたDaiGoさんがそのまま画面のなかで自由にふるまっているように見えた。

ああ、これでいいのかと気が楽になった。

背中をさらにひと押ししてくれたのが、芸人出身の先輩ユーチューバーとして活躍していたカジサックさんの言葉だった。

「教育系ユーチューバーをやってる中田が見たい。絶対向いてるよ」

以前そう言ってもらえたのを、ふと思い出した。なるほど、お笑い系と考えなくてもいいのか。

DaiGoさんはまさに、教育系の路線で結果を出している存在だ。真似をするというか、同じカテゴリーで自分なりに新しいものをつくっていけばいいんじゃないかと考えると、ようやく展望が少し開けた。

ネタは書店にあり

それで実際にYouTubeに動画をアップしてみた。歴史やアニメにまつわる、ぼくにとってとっておきの話題についてひたすらしゃべった。するとそれなりの反響があった。うれしかったのだが、でもこのままじゃ続けていけないということにもすぐ気づいた。

こちらのネタがすぐ尽きそうなのだ。ひとに語れるほど詳しい知識なんて、自分のなかにそんなにたくさんあるわけもない。

じゃあDaiGoさんはどうしているのかといえば、心理学方面の論文を読み漁《あさ》って、そこから得た知見をもとに動画でさまざまな話を披露しているようだった。論文を読める素養はぼくにはないし……。

そこでぼくは開き直った。物知りで頭のいいひとのフリをする必要なんてどこにもない。見栄《みえ》を張っても意味がないし、YouTubeとはそういう態度が良しとされる場でもなさそう。

それよりも、見渡せば世のなかには本というものがたくさんあって、知識のタネはそのなかにいくらでも埋まっている。それを読んで吸収して、紹介していけばいいんじゃないか？

タイミングも良かった。少し前にぼくは、『労働2．0』という著書を出したところだった。本のPRのために、全国の書店を巡って営業をした。書店へ出向いて挨拶《あいさつ》をして、サイン本を書かせてくださいと言って回るのである。

あちらこちらの書店の店頭を眺めていると、おもしろそうな本がけっこう目に留《と》まる。でも、いざ読もうと思ってもなかなか読めないもの……。

そのことをふと思い出した。ぼくが気になる本を読んで、内容を噛《か》み砕いてわかりやすくYouTubeで紹介したら、おもしろがって視聴してくれるひとがいるかもしれない。

そうして、ぼくなりの教育系ユーチューバーの「型」が固まっていった。本を読み、内容を吸収し、出版社にも許可をとり、その本のおもしろさを新鮮なうちに届けるというのが、ぼくの行き着いたやり方だ。

YouTubeをはじめて以来、ハイペースの動画更新が長らく続いている。たいへんかどうか？　確かにスケジュールはびっしり埋まってしまう。けれど、そんなことは気にならないくらいおもしろい。「知」というのはぼくら人間にとって最高のエンターテインメントなのだと、あらためて気づかされる思いだ。

２０２０年に突如《とつじょ》として巻き起こったコロナ禍で、ひとの生活に浸透してポピュラーになったのがUber Eatsだ。あれはぼくら消費者の労力を徹底的に省《はぶ》いてくれるところがウケている。服を着替えて家の外まで出る、お店まで行く、注文してそれを受け取り、また同じ道を家へと帰る。そうしたすべての行動を、お金と引き換えにまるごと代替してくれる。その便利さ、手軽さが評価された。

ぼくが『YouTube大学』でやっているのは、これと同じことだろうと感じる。みんなが好きそうな「知」を、本という知の宝庫のなかから探してきて、それをうまく料理し、居ながらにして熱々の「知」を存分に味わえるようお届けする……。かなり共通点がある。

落語から学ぶ

『YouTube大学』でぼくは、さまざまな内容について日々しゃべり倒している。これはなにかに似ているなと思った。落語である。

たとえば歴史のネタ。アレキサンダー大王の東方遠征について話すとき、ぼくは内容をストーリー仕立てにして伝える。

「さあここでアレクサンドロス、東方遠征すると決めました。ずっと東まで行っちゃいましょうよ！　周りに言われて、うむそうかそうだなと、どんどん軍を進めていった。すると、おおおっ、なんかインドのカレーの匂いがしてきましたよ！　ずいぶん遠くまで来たもんだ」

などと。声色を変えて人格を使い分けたりしながら、ひとりでストーリーを伝えるというやり方は、ほとんど落語だ。

ぼくはもともと落語に詳しいわけじゃなかったので、共通点に気づいてからはあれこれ観て勉強をした。

以前は、落語って不思議だなと思っていた。なんでみんなが知っているネタを繰り返しやるのだろう。だれそれ師匠の『芝浜』が聴きたいね、などと通の客は言う。え、だって内容はよく知っているんでしょ？　それでもそんなに聴きたがるのはなぜ？

と。

そういうことじゃないんだと、いまはわかる。あれはどちらかといえば芝居に近い。素になる台本があり、その物語を役者がどう演じるかを楽しむ。

シェイクスピアのストーリーはよく知られていても、堺雅人さんが演じるなら観たいというひとはたくさんいる。大河ドラマだって、織田信長の生涯はみんなよく知っているのに、エピソードをだれがどう演じるのか、それが楽しみで毎年観てしまう。

ぼくが『YouTube大学』でやっているネタも、歴史や文学などのいわばアリモノである。でもそれでいい。史実や事実としてはよく知られているにしても、「中田が演じる世界史や文学作品の解説はおもしろい」と思ってもらえたら成功である。

ちょうどぼくがYouTubeをはじめたころ、講談師の神田松之丞《まつのじょう》（現・神田伯山《はくざん》）さんが広く人気を博すようになった。歴史を切り分けて、いわゆる庶民の暮らしのおもしろ話をするのが落語家で、軍記物などをやるのが講談師だということのよう。

ということはぼくも、文学や偉人伝などを取り上げるときは落語っぽく、歴史を扱うときは講談っぽく演じたらいいのではないかと考えて、良きお手本としている。

ユーチューバーというと、やっていることがすごく新しそうだけど、ぼくみたいなタイプの場合、内容自体はトラディショナルなものだ。落語や講談、もっと遡《さかのぼ》れば琵琶《びわ》を弾きながら物語を伝えた琵琶法師とか、『古事記』を丸ごと口承していた稗田《ひえだの》阿礼《あれ》みたいな存在と、やっていることは同じかもしれない。

そう、言葉だけを武器にして世界のことを広く伝えることに着目すれば、教育系ユーチューバーの元祖は稗田阿礼なのかもしれない。古代から続く伝統芸能を受け継ぐつもりで、ぼくも日々、言葉を紡《つむ》いでいる。

Episode 5

アイデアは準備された心に降り立つ

読書のハードルを取っ払う

ぼくはユーチューバーとしては後発組だ。すでに出来あがった世界のなかに、新規参入する立場。埋もれないためには、自分の流儀を大胆に打ち出していくしかない。

そこでぼくは「教育系」というジャンルに自分の立ち位置を定めた。

そうして、本というものを噛《か》み砕き、わかりやすく楽しく紹介することで、コンテンツを生み出そうと決めた。

本のなかには、過去にいろんな人が成功したり失敗したり、あれこれ行動したり考え抜いたりしたことの過程と結果が、つぶさに記されている。自分がなんらかのアウトプットをするうえで、また生きていくうえで、こんなに参考になるものはない。

それらを読むことによってだれかの経験や思考の道筋を疑似体験できるのだ。その疑似体験は得難《えがた》い糧《かて》といえる。あなたの人生のいわばリハーサルになるのだから。

とはいっても、本には取っつきにくさがあるのも事実。なにせページを開くと、そこには文字がびっしり並んでいるのだ。それに怯《ひる》んでしまうひとがいたとしてもしかたない。

なので、そこをぼくが媒介者となって、親しみやすいものに仕立てようというのである。

本を読み、内容を理解し、それを噛み砕いて伝える。そういう行為を日々反復していて強く感じるのは、本というメディアの情報密度の濃さだ。それはもうカルピスの原液みたいな状態としてそこにある。ほかのどんなメディアよりも的確で確実な情報が凝縮して詰まっている。物事の根幹になるリソースは、ここから求める以外にないと感じさせるほど、それは確固たるものだ。

ただし、あまりに凝縮度が高いゆえ、柔らかさがない。食べやすくない。結局、受け取る側の消化力が問われる事態となってしまう。

それなりの読解力や語彙《ごい》がなければ、本からしっかり情報を取り出すことができないのだ。本を活用するには、多少の素養が必要である。日本語はまた、話し言葉と書き言葉でかなり違いがあるので、書き言葉を正確に理解しようとすると細かいルールまで押さえる必要が出てくる。

さらには、本を読むには能動的な意欲も必要となる。読んでこれを理解しようという明確な意志がないと、ページをめくり続けることはできない。

特にその本がたしょう学術的な内容だったり、骨太の文学だったりした場合は、かなり意欲を高めないと、すぐに文脈を見失ってしまう。漫画をはじめ、わかりやすい表現に慣れてしまったぼくらには、なかなかハードルが高い。

本から情報を得るときの難しさをもうひとつ加えるなら、適切な本選びができるかどうかも悩ましい。自分の知りたいことはどの本に載っているか、難易度は適切かどうか。そのあたりの見極めは、長く本の世界に親しんできた経験がものを言う。昨今は本の刊行点数も多いから、いい本を探し出す目利《めき》きになるのはたいへんなこと。

自分に合った本にたどり着くには、このようにさまざまな条件をクリアしなければいけない。どれかひとつでも欠けると、本自体が好きでなくなってしまう恐れもある。

煩雑《はんざつ》になるのでまとめると、本を読んで内容を摂取するには、次のハードルを越えなければいけない。

①基礎的な読解力を身につける
②読もう！　という強いマインドを持つ
③適切な本を選ぶ

ぼくのYouTubeチャンネルは、これら本を読むときのハードルを、できるかぎり取っ払いたくてやっている。

動画を観て聴くだけだから、読解力もいらなければ、能動的な読書マインドもいらない。こちらが本を指定するので本選びに悩まなくていい。それでいて、中身の「おいしいところ」はしっかりと味わえるようなつくりを目指している。

読書のハードルをかぎりなく下げる、それがぼくの『YouTube大学』の目指すところ。果物でいえば皮をむいて一口大に切ってひとつずつ楊枝《ようじ》にさして、あとは口に運べばおいしくいただける状態にまで、それぞれの本を加工してあげる。

正直、それをするにはかなり手間はかかる。本を読み込み、要点をまとめ、わかりやすく伝わるようなアプローチのしかたを考える。情報を展開する順序や、語句のわかりやすさにも気をつける。とにかく入念に準備をこなすしか手はない。ぼくは日々、その作業にひたむきに取り組み続けているつもりだ。

時代の「エッジ」はいまどこにあるか

自分から物事を仕掛け、成果をきっちり生み出すには、つねに学び続けることが不可欠だ。なんの準備もないところに、天からアイデアが降ってくることはまずない。すべてはマメな学習の積み重ねの結果である。

学ぶ手段は本もいいが、他者からも大いに吸収すべし。ひとはそれぞれに特性を持っているから、年齢だったり先輩後輩の間柄だったりということは関係なく、だれからだって学べる。

ぼくはYouTubeをはじめて以来、人気ユーチューバーの方々に積極的に会いに行っている。動画制作のコツを訊《き》いてまわるためだ。その分野で第一線を走るひとたちの話はいつだっておもしろく、大いに参考になる。彼らから教えられたことは数知れない。

たとえば、YouTube は送り手と視聴者の距離が極端に近いから、プライベート感の強い生々しいものが有力なコンテンツになるのだというセオリーもそのひとつだ。

その点、芸能人はそこまで「素《す》」の姿を曝《さら》け出すのに慣れていないし、リスクが大きい。それでどうしても露出の度合いが弱く、無難になりがち。

YouTube の世界で芸能人が簡単にブレークできないのは、そのあたりにも理由がありそうだ。

自分のジャンルから飛び出そうとするなら、従来の常識に捉われていてはいけない。郷《ごう》に入《い》りては郷に従《したが》え。視聴者との距離が近い YouTube の世界に入っていくなら、それなりの覚悟がいる。

芸人出身ユーチューバーの先輩たる「カジサック」ことキングコングの梶原さんは、家族ごと晒《さら》す勇気を持ってその世界へと飛び込んでいった。だからこそ成功を手にできたのだろう。

ぼくの場合はどうか。私生活をさらけだす方向にはいかなかったが、自分なりにできることをとことんしてやろうという覚悟はあった。教育系というジャンルにおいて、かなり極端に振った方向性を打ち出した。

ぼくは芸人たるもの、いつも「仕掛けるひと」であるべきだし、自分もそうありたいと思ってきた。新しいものの見方を提示しているパンクでロックでヒップな存在であり、時代のエッジでつねに社会からはみ出しそうになっているのが、ぼくの芸人像だ。

そう考えると、いまの時代に芸人として立っているのは、テレビを主戦場にしているひとたちなのかどうかはわからない。いまもそこに才能が集まるようになっているかどうか。

テレビで芸を見せるお笑い芸人が「エッジ」にいた時代もあったと思う。ぼくが高校生のとき、深夜枠のお笑い番組で『爆笑オンエアバトル』というのがあった。芸人たちがネタを見せて競っていくのだけど、その審査員として出演していた立川談志師匠がこんなことを言っていた。

「いまは漫才やコントがおもしろいんだな。才能のあるやつはみんな、輝いているジャンルに行くものだ。明らかにいまは落語じゃねえな」

自分の属するジャンルのことを、客観的にいまはイケてないと言い切れるカッコよさったらない。そして当時、つまり１９９０年代はお笑いがエッジにあった。

いま、２０２０年代はどうなのだろう。多くのひとが感じているとおり、YouTube という分野に、かなりの才能が集まっているのは確かなことに思える。

ＳＮＳは苦手

YouTube を軸に活動するようになったとはいえ、ぼくはＳＮＳ全般が得意なわけではまったくない。

実際のところ、YouTube 以外のＳＮＳはろくに活用できていない。

Twitterはかつて、芸人のなかでもけっこう早いうちにはじめてみたことがあった。が、後発の芸人のほうがどんどんブレークしていくのを傍目に見ていて、心が折れてしまった。

あまり向いていなかったということなのだろう。ぼくの芸風は、どうやら長い尺を話すほうがいい。ひとことだけポンと発して笑いをとったり感心させたりというのは、あまり得意じゃない。

おそらくTwitterに強い芸人というのは、短い言葉でバシッとなにかを言う「ひとこと芸」が得意なひと。だから有吉弘行さんがTwitterを使いこなしているのはよくわかる。

そのうちに「Instagramの時代だ！」とも言われてやってみたけれど、これも向いていなかった。渡辺直美やウチの相方の藤森慎吾のほうが得意なのは明らかだった。

そこは言葉を介《かい》さず、ビジュアルの華やかさとかキャッチーさで勝負！という世界なのだ。ぼくには「伝えたいビジュアルイメージ」というのは特にないのだなということだけがわかった。

相方との自立した関係

テレビの世界からYouTubeの世界へ。シフトチェンジをしていくのはいいが、ここで疑問を抱く向きがあるかもしれない。

たしか中田敦彦はコンビで活動していたのではなかったか。オリエンタルラジオとしての活動はどうするつもりなのか？　相方の藤森慎吾のことはどうでもいいのか、と。

いや、まったくそのとおり。ぼくはオリエンタルラジオというコンビの一員であり、オリラジはかつてテレビのゴールデンタイムの冠番組を持ったことだってある。ならばそのままコンビで活動すべき、という考え方もあろう。

でもオリエンタルラジオとしては、ふたりセットでいることが絶対のことではないのだ。

これは慎吾も理解を示してくれているところである。

そもそもぼくらふたりの関係というのは、なかなか特殊で独特なものがある。お笑いコンビの関係性なんて、どこもそれぞれ摩訶《まか》不思議なつながり方をしているものではあるけれど。

ぼくらの関係性の基本は、まずお互いにちゃんと独立して立っていようということ。どちらかが力不足でどちらかに支えてもらっているような状態では、人前に出てお金を払ってもらう「商品」として成り立たないではないか。世間はそんなことを許さないはずだと、ぼくらは考える。

お互いに商品価値があってこそ、並んで舞台に立てるんだというのを基本方針にしている。

だから一応ぼくらは、バラバラで実績をなんとか出し続けてきた。ぼくはいろんな分野に手を出してきたものだし、慎吾は慎吾でテレビドラマや映画に出たり、ミュージカルの舞台まで踏んだりと、なかなか多彩で多才ぶりを発揮している。

お互いにリスペクトできているというのは、昔もいまも変わらない。だからいいんだろう。相互に依存していたらそれも負担になるだろうけれど、そうはなっていない。

利用したいときに相手のことを存分に利用していい、その権利を互いに与え合っているともいえる。

それでたまにぼくの『YouTube大学』でも慎吾には登場してもらう。彼は歌がうまいので、「相方が歌ってみた」というネタをやってみたら驚くほどの再生回数を記録した。

慎吾は慎吾で、相方に負けず自分もはじめてみた、と自身のYouTubeチャンネルを立ち上げたりしている。ならばともちろんぼくも全力でアドバイスをする。

互いに利用価値があるから利用する。それを両者とも了解しているということ。

そうしたスタンスが出会ったころから不変かといえば、基本的にはそうだ。ただ、ぼくのほうが最初は少し慎吾に依存していたかもしれない。まだなにに対してもあまり自信がなくて、自分ひとりで派手なことをするのがとにかく怖かった時期もあった。

でも、ウチの相方はなかなかスゴイなと感じれば感じるほど、自分もひとりで立っていられるようにならなくちゃと思うようになっていった。

思えば若いときにいい出会いをしたものだと思う。ぼくはそんなにたくさんの友だちとワイワイやるようなタイプじゃなかったのに、よく慎吾が一緒にいてくれたものだ。

偶然の出会いがもたらしてくれた、欠かせぬ関係性に感謝しきりである。

Episode 6

「前言撤回」精神

寂しがり屋

テレビの世界から、YouTubeの世界へ。それだけでも「え、よくやるな……」という目で見られがちだったのだけど、それだけではない。ぼくは２０１８年から、オンラインサロンもはじめた。

芸人として舞台に立つことや、タレントとしてテレビ番組に出演するのとは、またかなり毛色が違った活動だ。どんどん「テレビで見る芸人」から離れていき、世間的な印象もかなり変わってくるだろう。

それでいいと思った。この変化の方向は、仕事上の紆《う》余《よ》曲《きょく》折《せつ》の末ということもあるけれど、自分の性格や心情から考えて必然だった気もするから。

ぼくには、独りになったら寂しくて死んでしまいそうという恐怖感が、いつも根底にある。自分でコミュニティをつくれば、なにがしかの安心が得られるのではないか……。オンラインサロンの開設には、そんな個人的で切実な思いもあったのだ。

寂しがり屋なのは、昔からずっとそうだった。ひとに話を聞いてもらえなければ、生きている意味がないとすら思ってしまう。芸能人ならだれもが仕事の一部としてこなさなければいけないマスコミからの取材、あれを苦手とするひとも多いけれど、ぼくはまったく苦にならない。むしろ大好きである。

だってインタビュアーは、まず間違いなくぼくの話に耳を傾けてくれる。ひとが聞いてくれるというのなら、いくらでもしゃべりたくなってしまう。逆に、壁に向かって独りでしゃべっていろと言われたら、そんな苦痛には1分と耐《た》えられない。

芸人としてデビューしようと決めたころ、なによりもまず相方探しに注力したのも、寂しがり屋だったせいだ。競争の激しい世界でのし上がるには「これぞ」と思える相手と組まねば勝負にならないということもあったけれど、それよりむしろ、独りになりたくないという気持ちが強かった。コンビを組めば、ずっとだれかとしゃべっていられるだろうと踏んだのだった。

ネバーエンディングスクール

「話を聞いてもらいたい病」に罹《かか》っているぼくがつくったオンラインサロンは、どんなしくみをベースにしているのか。これはズバリ、学校がモデルだ。

ここは大人になっても終わらない、卒業が来ない学校。それが基本設計としてある。だって、なんだかんだと言ってたいていのひとは、学校が好きだったんじゃないか？　当時は自分の未熟さゆえ楽しみきれない部分もあったけれど、もしもいままた学校に通えたら、こんなに楽しいことはないと思わないだろうか。

知らないなにかを学ぶのは本来おもしろいことだし、それにも増して仲間と過ごす休み時間や放課後、行事の楽しさったらない。イヤなのは宿題、試験、いじめ、卒業くらいで、それさえなければずっと通っていたいと思う。

思いを共有してくれるひとはたくさんいるはず。じゃあ大人の学校をつくってしまおうと決めた。それでぼくのサロンは「ネバーエンディングスクール」であることを標榜《ひょうぼう》し、学校で感じていたあの高揚感を再現しようとしている。

人気ユーチューバーがやっていることも、学校の放課後の延長線上のものは多い。すごく意味があるわけじゃなく、なんとなくグズグズと友だちとダべったりはしゃいでいるあの感じは、思えばまるっきり放課後の空気ではないか。

大人たちはそこにノスタルジーを感じるだろうし、現役の学生なら「もうひとつの心地いい溜《た》まり場」と思える。ユーチューバーの人気は、そんなところにもあるのだろう。

無限のトライアンドエラーで磨き抜く

少し前にオンラインサロンのメンバーで、福岡県の太宰府《だざいふ》まで修学旅行に出かけた。これが楽しいったらない。みんな社会人だから、見た目はひと昔前の社員旅行みたいなものなのだけど、気分は完全に学生である。

本当の学生のころは訪れた寺社仏閣なんてろくに見ていなかったが、いま思えばなんてもったいないことか。実物を見ながらあれこれ学べるなんて、これほど貴重で興味深い機会はない。移動時間や宿ではちょっとしたイベントもあったりして、すべてを忘れてくだらないことにいちいち笑い転げた。

きっとだれの心のなかにも学校生活への懐かしさや、なにかしらやり切れなかった後悔の念があるのだろう。大人になったいま、もう一度あの時間を味わい直せるのなら乗らない手はない。ぼくはサロンを通して、そういう「場」を創り出したい。

サロンの運営やこまごまとした調整、準備には膨大《ぼうだい》な時間がかかるけれど、そんなことは問題じゃない。夢のような場を育《はぐく》んでいるのだ。そこに全力を投じるのは当然である。

ぼくは元来「仕事人間」で、気づけば生活と仕事の境い目がなくなってしまうほうだが、オンラインサロンのことだとなおさらだ。いつもサロンをどうするか考えているし、必要ならばいくらでもテコ入れをする。

2020年に世界中を襲ったコロナ禍では、オンラインサロンも大きな転換を迫られた。

外出がままならないので、まずはコンテンツをオンラインに完全にシフトした。それまではオンラインサロンといっても、ぼくのYouTubeチャンネルの収録の生観覧など、リアルな活動に参加できることも大きな売りにしていたのだ。

月会費もそれまでの月額5980円から、一気に980円へ下げた。コロナの影響であまり高額な費用は払えないという会員の声がいくつもあったからだ。

収支よりも、この段階では「規模」を確保したいとも思った。というのは、コミュニティを使ってメンバー間の仕事のマッチングまで進められたらいいと考えたから。掲示板を設けて飲食、接客、物販などの分野で「こんなの売ってますよ」「こんなサービスあります」「じゃ、それ買います」といったやりとりができる場をつくれたらと思って実現した。これをうまく機能させるためにはある程度の参加人数が必要であり、メンバー数増加は重要な課題だったのだ。

コロナ禍を機にサロンの在り方をあれこれ変えたが、こういうのはぼくにとって日常茶飯事《にちじょうさはんじ》。なにしろぼくの座右《ざゆう》の銘《めい》は「前言撤回」と公言してあるのだ。

その言のとおり、オンラインサロン運営においてぼくは、正気の沙汰《さた》じゃないほど朝令暮改《ちょうれいぼかい》をする。でも、オンラインサロンをはじめインターネット関連のビジネス現場では、それくらいでちょうどいいようだ。トライアンドエラーを無限に繰り返して中身を磨いていくのが常道なのである。

いずれにせよぼくは性格的にこれ以外のやり方はできない。最初から長期ビジョンをバシッと掲げる「ビジョナリー」なひととして振る舞えたらカッコいいとは思うものの、根っこが試行錯誤型なのだからしょうがない。

怖いから跳ぶ

キングコングの西野亮廣さんが主宰する国内最大のオンラインサロンの存在はあまりに有名だ。しかしオンラインサロンを手がけている芸人は思いのほか少ない。YouTubeチャンネルの開設は少しずつ増えた感があるものの、オンラインサロンに関してはあまり例がない。なぜなのだろう。芸人というのは人気商売だから、自分のやっていること全体を応援してくれたり、一緒になにかやろうよという呼びかけに賛同してくれるひとを対象にしたサブスクリプションビジネスとの相性はよさそうなものだけど。

YouTubeなら自分の「芸」をコンテンツにして見せれば事足りるようなところがある。実際はそんなふうに一筋縄《ひとすじなわ》ではいかないものの、芸人からすれば、演じる場所が変わるだけという感覚で済む。だがオンラインサロンを主宰するにはもっとこう、経営者的なマインドが必要になってくるからか。

ただし、だ。ここはぼくのオリジナリティでもあり、弱みにもなり得るところなのだけど、経営者的なマインドに徹することは、ぼくにはちょっとできなそうである。

オンラインサロンやYouTubeをやるようになってから、経営者や起業家の方々と会って話す機会が増えた。彼らは非常に魅力的なひとたちだった。あらゆる面でスピーディーでパワフル、芸人とはまったく違ったバイタリティがある。

それでも、「ああ、ぼくはここの住人にはなれない」という気持ちも強く抱いた。

というのも経済人は最終的に、大きい利益を出すことを価値基準にしている。対して芸人というのは「おもしろいか、おもしろくないか」、そればかり考えている。

ぼく自身はどうだろうと考えてみるに、ひとつのゲームとして利益の多寡《たか》を追求することはできても、心のどこかで「利益だけ出てても意外とつまんないな」と思ってしまう。なにか一緒にやりましょうよと誘われたとき、ものすごい利益が出ますからという殺し文句では、あまりピンとこないのだ。

実際に、いろんな話を持ちかけられることはある。ぼくのYouTubeチャンネルではいつも本を紹介しているのだから、これを全部ビジネス案件にして、出版社に話を通しPRしたい本を持ち込んでもらったりすれば、もっとお金がとれますよとアドバイスしてくれたり。うまくやれば莫大《ばくだい》な利益になると言ってくれるのだが、そういう話に乗ってもきっと自分は満足できない。

そもそもタレントとして、コマーシャルの仕事は散々やってきた。そこにどこか虚《むな》しさを感じていたからこそ、自分でサロンやYouTubeをはじめた。かつて自分が慣れ親しんでいた手法や考えを導入するつもりは、いまのところまったくない。

よくそんなにドラスティックに変われるものだな……。そう疑問に思われることもままある。かつての成功体験にすがりつきたくなる気持ちが、人間だれしもあるじゃないかと。

たしかにぼくも芸人としては、何度かブレークを果たすことができた。華やかな光を浴び、たくさんの喝采《かっさい》を浴びたことはあった。そうして幾度《いくど》もの浮き沈みを経験してきた。

そうした激しい体験をしたからかもしれないが、ぼくは同じところに安住するのがとにかく怖い。

ふつうは新しいジャンルに飛び込んでいくとき、だいじょうぶかな、イヤだな、と恐怖を感じるのだろうが、ぼくは逆だ。じっと居続けることが怖くてしょうがない。安住はそれ以上の「伸び」を生まないのは明らか。ということは待っているのは衰退でしかないのでは。

そういったん気づいてしまえば、じっとしているなんてリスクは冒《おか》せない。それで結局、跳躍を繰り返してしまう。

イチからはじめたYouTubeにしてもオンラインサロンにしても、いまのところはうまく回っているけれど、安泰なんてことはまったくない。自分がいつ失敗するかもしれないし、ジャンルごと時代の波に呑まれ沈んでしまうかもしれない。

それでも、みずから動かず船が沈没するのを待つことだけはしたくない。動いて動いて動きまくって、可能性を探し回るほうが性に合っているようだ。

怖いから跳ぶ。それがぼくの基本スタンスである。

Episode 7

「光」の魔力

いちど浴びたら忘れられない歓声の味

お笑いの舞台に立つ芸人の世界はいっけん華やかそうではあるけれど、なかなかシビアでもある。

というのも、その時点での人気というのがだれにでもわかるかたちでつねに示されるから。それは、出番が来てステージに上がった瞬間の「キャーッ！」という歓声の量で一目瞭然《いちもくりょうぜん》、いや一聴瞭然となる。

去年は溢《あふ》れんばかりの「キャーッ！」を浴びていたひとが、今年はさっぱりということだって頻繁にある。なんてわかりやすく残酷な世界であることか。

それは承知で、成り上がろうと目論《もくろ》む者にとっては、夢のある場だとも言える。幾度《いくど》も浮き沈みを経験してきたぼくらオリエンタルラジオは、そのあたりの機微《きび》をよくわきまえている。なにしろ特大の「ギャーッ！」からまったくの「シーン……」までを、実地に味わってきたのだ。

何度も繰り返していると慣れてきてしまうものだけど、それでもやっぱり「キャーッ！」と黄色い声援を浴びればうれしいに決まっている。

最初に熱狂的な「キャーッ！」という歓声を受けたのは、オリエンタルラジオとしてデビューしたばかりのころだった。リズムネタ「武勇伝」は当時新しいものとされ、若い世代からたくさんの支持を得ることができた。

次いで、『PERFECT HUMAN』を出したとき。音楽というのは熱狂を生みやすいものだ。ひとの根元に触れるなにか大きな力があるのだろう。

さらには、YouTubeをはじめてからも。半年でチャンネル登録者数が100万人を超え、大きなうねりを感じることができた。このときはさすがに「キャーッ！」という歓声を物理的に浴びることはなかったのだけれど。

直接的な歓声をもっともたくさん浴びたのは、『PERFECT HUMAN』のときということになるだろう。ステージの上に立って歌い踊り、ライトと歓声を浴びていると、高揚感がスゴい。脳の神経が焼き切れるんじゃないかと思ってしまう。

そうした華やかな強い光をいったん浴びると、取り憑《つ》かれてしまうようなところはある。

眩《まばゆ》い光にまた包まれたい！

そんな思いがぼくのなかには確実に残っている。その気持ちが原動力になっている部分は、実はいまだにある。

同時に、すでに何度もアップダウンを繰り返してきたぼくには、頂《いただき》があればまた下り坂もくるということがよくわかっている。ただただ浮かれてしまうということは、もうあり得ない。

秋元康さんの凄み

どんなジャンルであれ、1回でもヒットを飛ばすのは大変なことだ。それをいくつも当ててこられたのはなぜ？　と聞かれることもある。

実際のところ、特別なコツがあるとか、秘密の法則があるといったことはまったくない。自分でもなぜだろうと不思議に思うが、そんなときはヒットの大先輩として、秋元康さんのことを考える。

秋元康さんといえば、だれもが知る稀代《きたい》のヒットメーカー。美空ひばりさんの『川の流れのように』を作詞した人物であり、おニャン子クラブの仕掛け人であり、AKBも乃木坂や欅坂《けやきざか》もそうだというのは、ちょっとどうかしている。なぜあんなに時代を超えてヒットを生み出せるのだろう。

本当に緻密に考え抜かれている、という部分が垣間見《かいまみ》えることもある。たとえばおニャン子クラブからAKBへという流れは、女性グループをまとめて売り出すという意味では同じだけど、依《よ》って立つ母体は変化させている。

おニャン子はあくまでもフジテレビというテレビ局が主導するかたちだった。いくら秋元さんが考案したといっても、いいところは持っていかれたという感があったんじゃないだろうか。

そこでAKBでは、テレビ局からの影響を受けない体制が築かれた。テレビのプッシュに頼るのではなく、小規模のライブからはじめて、ファンと直接触れ合う「握手会」というかたちを定着させた。

「会いに行けるアイドル」というキャッチフレーズは、テレビというメディアを介《かい》するのではない新しいアイドルのかたちをつくったという意味合いもあったのだ。

さらにいえば、AKBは芸能事務所がメンバーによってバラバラで、相乗り所帯だった。すると、売れてくればそれぞれのメンバーでスケジュールが合わなくなってくることもある。

売れれば売れるほど、徐々に全員で同じステージを踏む機会が少なくなってしまった。その反省を生かして、乃木坂以降は専用の会社をつくってマネジメントをするかたちになった。

またAKB時代は超ミニの制服や水着といった衣装が主で、けっこう露出が多かったのに、乃木坂や欅坂ではほぼ露出しない清楚《せいそ》路線にするなど、前のヒットの裏を突いたり、学んだことを忠実に反映させたりと、着々とアップデートさせている。こうした修正力が、秋元康さんがヒットを飛ばし続ける要因のひとつでもあるだろう。

ただ、秋元さんが本当にスゴいのは、しゃにむに企画を出して取り組み、ハズレたら検証したうえでまたしゃにむに新しいことを試みる、それを徹底的に繰り返しているところだ。

つまり、何十年も千本ノックを続けているということ。冷静に活動を追いかけてみれば、秋元さんといえどもいまいちヒットに持ち込めなかった企画は山ほどあるはず。半分以上、いやひょっとすると8割方は外しているんじゃないか。それでもメゲることなく次へ向かう。その姿は「ヒットの鬼」とでも言うべき迫力がある。

想像するにおそらく秋元康さんも、光に取り憑かれているひとなんじゃないだろうか。かつて垣間見てしまった圧倒的な眩い光、それに包まれることを求めて今日もまた企画を立てているのだ、きっと。

そこへいくとぼくなんかまだまだヒヨッコである。とうてい「鬼」の域になど達せられるわけもなく、精進しなければいけない。

ゲーム感覚で「数字」と向き合う

稀代のヒットメーカーをも熱狂させてしまうほど、「光」とは強烈にひとを捉えてしまうもの。

光は公平だ。ひとのやっていることに輝きがなくなれば、そのひとのもとから光は消え失せる。どんな著名人だろうと、地位を築いたひとだろうと、だれもが公平に剝《はく》奪《だっ》されてしまうのが光である。

それでも、強烈な光を浴びたことのあるひとは、また立ち直ってイチから光を浴びるための道を進みはじめる。光に衝き動かされて生きているひとたちというのが、この世には一定層いるはずだ。

光を生み出すのはひとの支持や注目であるから、結局カギを握っているのはオーディエンスや大衆ということになる。

インターネットの世界では、支持されている度合いがはっきりとした数字で可視化されるから、なかなかシビアである。テレビでも視聴率などの数字はあるが、それは個人がひとりで被るものでもない。ところがYouTubeの再生回数なんて、伸びれば自分の手柄《てがら》だろうし、悪ければすべて自分のせいにしかできない。営業成績表を毎日、毎時間突きつけられているようなものだ。

数字を気にせずにはいられなくなる。それでも考えようによっては、これほど白黒はっきりしている世界もないのだからありがたい。

結果がダメだったら、なにがダメだったのか即座《そくざ》に検証すればいいし、ウケたらそこをもっと攻めようなどと対策を立てる。数字を生かしていこうとする姿勢こそ重要になる。

日々戦国時代を生きて、戦場に立っているような感覚がなくもないが、いずれにせよこれはよくできたゲームだ。ゲームに参加している状態がぼくは好きだ。

刀が折れて矢が尽きないかぎり、いや刀が折れて矢が尽きたとしても、命続くあいだぼくは戦場に立ち続けて、ゲームに参加していたいと心から思っている。

Episode 8

「自分」とは
現象の蓄積である

理解とはその「歴史」を知ること

この本でぼくは自分の来し方行く末に思い巡らせているのだが、時期的には2013年から現在に至るまでを語るという半端《はんぱ》なかたちとまずはなった。なぜそのタイミングだったか。祖母との思い出をまっさきに述べたかったからだ。また、生まれたころから振り返るのは難しいと躊躇《ちゅうちょ》したためでもあった。というのもぼくは、昔の記憶が極端に薄らいでいる。

年月が経つほど記憶が薄れていくのは、だれだってある程度そうだろう。けれどぼくの場合、その忘れっぷりがずいぶん極端だ。薄らいだというよりも、ほとんど初めから覚えていないようである。

それなりに受験勉強を乗り越え、テレビ番組の台本や企画内容を覚えたりするのも決して苦手ではない。「勉強芸人」などと称して売り出した時期もあったくらいだから、物覚えは悪いほうではないのだ。でも、昔の記憶だけはやたら少ない。

なぜなのだろう?

ぼくが人並外《ひとなみはず》れて「冷たい」人間だからなのだろうか。過ぎ去ったことはビシバシ切り捨てて気にも留《と》めないような……。

もしくは、どういう加減かぼくの脳の構造が、自分の記憶を長く保持できないようになっているのか。

または、自分の記憶を「抱えておく必要のないもの」として、ハナから記憶しようとしていないということもあり得る。これが実感としてはいちばん近い。「記憶なんて俺には必要ないものだ」と息巻くつもりもないが、いつも目の前にあることだけに熱中し、熱狂していたいという気持ちがぼくには強くある。

いまここでのことが大事であり、なにか考えるのだとしたら次の一手に全神経を集中したい、といったところだ。そうなると、古い記憶を思い返すような時間はなかなか持てない。それでいつしか自分のなかに記憶を蓄《たくわ》えることすら、やめてしまったというところか。

そうした性向がいまさら変わるものでもない。自分の脳内のかぎられたリソースを、古い記憶のためばかりに割くのは、確かにもったいないではないかと思う。

前から本当に不思議に思っていたのだ。たとえば同窓会のような集まりに行くと、みんなが過去のエピソードについて話して大いに盛り上がっている。ちゃんと共通の記憶を持っていて、「そうそう、あのときね！」などとやっている。

ぼくはその輪のなかにいつも入れなかったし、驚愕《きょうがく》するばかりだった。みんなが同じことを覚えている、そんなことってありえるのか？と。

そんなぼくだけど、最近になって歴史を学ぶことの大切さはよくよく知るようになった。『中田敦彦のYouTube大学』のコンテンツづくりで歴史ものを多く扱ってきてわかったのだが、どんなジャンルにせよ「学ぶ」というのは、物事の歴史を知るのが第一歩になる。いや第一歩どころか、それがすべてとすら言える。

たとえば、相対性理論について知りたいとする。その理論がいつ、どんな背景から生まれてきたのか。生みの親たるアインシュタインは、どのように考えを進展させて論を完成させたのか。この理論がひとの世にどんなインパクトを与えたのか。後世への影響はどうか。そういった相対性理論の歴史をひと通り学べば、相対性理論について知り、近づけたという気持ちになれるはずだろう。

人物についても同じだ。過去に生きたひとであれ、現在進行形で生きて自分とかかわりを持っているひとであれ、そのひとがどこから来て、なにを為《な》してきたのか、その結果としていまはどんなひとで、これからどこへ行こうとしているのか。ひと通りの歴史を知れば、そのひとについて理解できたという気になれる。

どんな物事もひとに理解されたいとみずから欲しているんじゃないかとぼくは思っているし、ましてやひとはだれしも、お互いに理解し理解されたいと望む存在に決まっている。

そう考えると、ぼくが自分の記憶をあまり持っていないというのは、あまり褒《ほ》められた状態ではない。

自分の過去の記憶にリソースをあまり割きたくないというのなら、ここに書き記して過去の記憶を「外付け」にしておけばいいだろう。

近年の自分のやってきたことについてはここまでにあれこれ述べた。これから先、いったん幼少時代にまで遡《さかのぼ》って、自分の記憶のベースとなるものを紙面に置いていいこうと思う。

ベビーカーの上のぼく

三島由紀夫は自伝的小説『仮面の告白』で、自分には生まれたときの記憶があると書いていた。まあ「自伝的」とはいえ「小説」なのだから、本人に本当に記憶があったのかどうかは定かではない。

ただ、「生まれたときの記憶がある」と言ったほうがなんだかカッコいい。ぼくも自分の昔語りをするなら、生まれたときに最初になにが見えたか……などから述べたいところだが、そんなことはカケラも覚えていない。

ただでさえ過去の記憶が薄いのに、幼少のころのことなんてほぼわからない。自分の最初の記憶はなにか？　というのはよくある雑談ネタだけど、そんなのぼくはまったく判然としない。

ただ、昭和生まれの自分には、文明の利器《りき》というものがある。幼いころの写真は残っているから、それを見れば一応はどんな子だったか推測ができる。

ぼくが大人になったのち母親から見せてもらった写真には、ベビーカーに乗った小さい自分が写っている。

ずいぶんと、ふてぶてしい顔をしている。

聞けばベビーカーに乗せられると、ふんぞり返って周りを見回すような姿勢をよくとっていたそうだ。人並みに幼児らしい好奇心は持っていたようだけど、自分の内なる世界に耽溺《たんでき》しているような風情《ふぜい》がある。

周りに自分を合わせるというよりは、ひたすら我が道を進み、そのうえでひとと道が交わればよし、交わらなければそれもまたよし。いまの自分のそんな性向が、ベビーカーの上の姿にもよく表れているというのは、考えてみればスゴいこと。というよりなんだか怖ろしい。三つ子の魂百までとはよく言うけれど、ひとの根本的な部分はそうそう変わらないのだなと実感してしまう。

一転して、勉強に打ち込んだ中学時代

よく解釈すれば「自分を持っている」態度は、小さいころの生活環境によってより強化されることとなる。ぼくは転校が多かったのだ。

父親は損害保険会社に勤めていた。転勤族であり、ぼくら一家は大阪、山口、そして東京へと、父の勤務地が変わるたび住まいを移していった。

転校生というのは、新しく入っていく学校の流儀に自分を合わせていかないとやっていけない。同時に、自分のなかに芯のようなものもなければとうてい持たない面もある。

「どこにいようが自分は自分」と思っていないと、アイデンティティが揺らいでしまい自分を見失ってしまうのだ。

もともと持っていたふてぶてしさは、転校生の処世術《しょせいじゅつ》と相まって強化されていった。

小学校の高学年のころは、山口で過ごしていた。サッカー部に入って、ボールを追

いかけることに熱中した。折りしもJリーグがスタートして、カズだ、ジーコだとJリーガーが時代の寵児《ちょうじ》となっていた。

サッカー部ではレギュラーになれた。勉強もそこそこできたし、生徒会長を務めたりもして、学校ではけっこう目立つ存在だった。

運動会をやれば当然のように応援団長を任された。応援合戦では神輿《みこし》をつくって皆でかつぎ、なんとそのなかからぼくが飛び出してくるという、調子に乗った演出までしてしまった。

のちにRADIO FISHで大掛かりにやることの原型を、このころすでに体験していたようなものだ。考えてみると少し気恥ずかしいが、やりたいことはとにかく熱狂して実現させ、もし悩むならやってから悩む。そんないまの自分に通ずる考え方がすでに芽吹いている。

どの学校にもいるいわゆる「目立つ子」だった小学校時代を経て、東京へと転校して過ごした中学校では一転、ぼくは地味な生徒になっていた。

いや、自分のなかでは中心人物の地位から陥落《かんらく》したという意識はなく、ただ興味関心の対象が移り変わっただけである。

中学時代からぼくは、勉強に目覚めたのだった。

大阪や山口で過ごした小学生までの時期も、塾通いをするなどして学業成績はいいほうだった。でもそれは「やるべきことはやっておく」という程度で、勉強に気持ちが向いているというほどではなかった。それよりもサッカーやら学校行事やら、派手で目立つ活動のほうがおもしろくて熱中した。

ところが中学校に入ると、ぼくは宗旨替《しゅうしが》えする。どう考えても、自分は勉強にこそもっとも力を入れて取り組まなければいけないだろうと信じ込むことになった。

きっかけをはっきり覚えてはいないのだけれど、おそらく思春期を迎えたぼくは、あるときふと自分の将来を思い描いてみたのだろう。自分はどんな生き方をするのか、なにを武器にしてどう生きていくことができるのかと。

ぼくのことだから、簡単ながら自己分析めいたこともしたと思う。世間に通用する自分の力なんて、なにかあるんだろうか……。自分を客観的に眺めて、シビアに分析をしてみたのだ。

と、いろんなことがわかってくる。小学校時代から続けてきたサッカーはどうか？部活のチームのなかではそこそこ有望かもしれない。けれど名門でもなんでもない学校ですら力が飛び抜けているわけでもない。Ｊリーガーになれるようなレベルじゃないのは明らか。

だったら、これ以上続けても意味はないんじゃないのか。そう結論づけて、あんなに打ち込んでいたサッカーをぼくはパタリとやめた。

人前に立ってなにか目立つことをするのは？　学校行事で盛り上がるのは楽しいが、それ以上のものではない。生徒会長などをやっていたものの、ひとをまとめたりする役回りが特別に好きというわけでもない。その方面に力を入れるのもやめた。

強いて得意なものを探せば、それは勉強だ。やればやっただけの成果が出るわかりやすさがいいし、どうやって計画を立てて実行していけばいいか考えるのも苦にはならない。世の大人たちも口を揃《そろ》えて「将来のためには勉強しておきなさい」と言う。ならばそこに特化していこう。それが「得な生き方」というものだ。

そうして中学時代、ぼくは勉強に打ち込んだ。ほかに脇目《わきめ》を振ることはやめた。あえて、いかにも「勉強好き以外の何者でもありません」と言わんばかりの丸眼鏡をかけた。

瀧廉太郎というあだ名をクラスメートから授かりながら、なかば「勉強に専念するひと」というコスプレに徹したのである。

「東大一直線」と心に決める

勉強すると、結果は伴う。ぼくは東京でも有数の進学校で高校生活を送ることとなった。塾にも通い、大学受験にまっしぐらの態勢を整えた。

目指すは、もちろん東京大学である。しかも法学部でなければならないと、固く心に誓っていた。東大法学部から国家公務員I種試験をパスし、財務省に入ってトップの事務次官にまで上り詰める。自分の進む道はそれしかないと、思い定めていた。

やり出すとのめり込んで、目の前のものに熱中してしまう性向がここでも発揮されたわけだ。勉強で勝負するなら、そこまで徹底しなければ嘘だと思い込んでしまったのである。われながら、どうにも極端で頑なことだ。まあそれがなにかに臨《のぞ》む原動力にもなっているのだから、そうした猪突猛進《ちょとつもうしん》がいけないとも言えないのだけれど。

そこまで明確に進路を思い描いたというのに、あれ？　現状はその通りになっていないではないか。いまのぼくは財務省の事務次官を狙う位置にいるか。まったくそんなことはない。財務省に入省した経歴はないし、そもそも東大にだって通っていない。

早い話が、途中で挫折したのだ。崩壊の原因は恋だった。同じ高校の女子生徒を好きになり、のめり込む対象が勉強からそちらへ移っていってしまった。

学校内でもよく知られたかわいい子で、勉強にしか目を向けていなかったぼくにはそもそも無理筋だったのだけど、目標に向けてやれることはなんでもやろうとするぼくは、彼女との会話を夢見てコミュニケーション能力の向上をはかった。

なにをしたかといえば、テレビのバラエティ番組やトーク番組を研究し尽くした。目ぼしい番組すべてをビデオ録画し、繰り返し視聴し、話の振り方、相槌《あいづち》の打ち方、話題の選択と拡げ方、そして笑いというものをどう生み出しているのか……。チェックレメモをとり、ノートにまとめ上げた。手法はまるっきり受験勉強的なものだ。それしかなにかを吸収する方法を知らなかったのだからしょうがない。

その行為自体がコントのようである。話題づくりのためになかば冗談でやっていたのか？　いや、本人はいたって真面目《まじめ》である。

研究を続けていくなかで想いは募って、高校2年生の冬に告白を敢行するも、あえなく失敗となった。

気づけばすでに「東大↓財務省↓事務次官」へのルートもほぼ閉じかけていた。恋にうつつを抜かしていた結果として、学力はもう東大に届きそうにないレベルになってしまっていた。ぼくの描いた壮大な人生の青写真は、早くも破り捨てられた。

とはいえせっかく積み重ねた勉強の成果は、最大限に生かしたいところ。現実的に目指せるところを模索して、ぼくは慶應大学へ進学することとなった。

はたまた一転、お笑いを志す

大学生になったぼくが、次なる「夢中になれるもの」として狙いを定めたのは意外や意外、お笑いであった。

そこに目がいったのは単純な話で、高校時代に惚《ほ》れた女の子のためにコミュニケーション能力向上を目指したときの行動が、そのまま尾を引いただけのこと。いつの間にかすっかりお笑いに取り憑《つ》かれ、夢中になっていたのだ。ひょっとすると、もともとお笑いには惹《ひ》かれていて、その気持ちが意中の女の子と親しくなるための手段と自然に結びついていったのかもしれない。

山口に住んでいた時代に塾で知り合い、仲良しになったひとりが、同じ慶應に合格しており、キャンパスで再会することとなった。彼と話していると、好きなお笑いの話で大いに盛り上がった。趣味嗜好《しこう》もかなり近いものがある。

どちらともなく、こんなにお笑いが好きなんだから自分たちでネタとかをやってみようという話になった。秋には学園祭がある。そこで舞台に上がってやろうじゃないか。集まったひとたちを爆笑の渦に巻き込んでやろう！　そう考えると気分は盛り上がった。

よくみずからすすんでそんな決意をしたものだった。

だって、中学校あたりからぼくはかなり内に籠《こも》るような生活を続けてきた。勉強に打ち込むようになって、財務省の事務次官を目指してひとり猛勉強をし、高校では好きな女の子にもフラれてしまった。目立つようなことなんて、ほとんどなにひとつしていなかった。

そりゃたしかに、小学生のころまでは生徒会長をやったりして目立ちたがり屋なほうだった。でもそういうのは、ろくに自我に目覚めていない子ども時代だったからできたこと。要するになにも考えていなかったから、そうしたふるまいができていただけ。

これはのちに芸人になってからのことだが、テレビ番組の企画で小学校時代の恩師に会いに行く機会があった。するとやはり、小学3年生あたりからぼくはかなり目立ってくいたと先生は教えてくれた。人前に立って、先生が授業をするような口ぶりを真似《まね》てしゃべるのが得意だったらしい。案の定《あんのじょう》、ぼくはそんなことまったく覚えていないのだけれど。

そういえば高校の同窓会に行ったときも、同級生から「中田は授業でプレゼンをしなければいけないことがあると、すごく颯爽《さっそう》と前に出て行って、見事にこなしていた」と言われた。

これも自分ではまったく記憶がない。これくらいできてさも当然、といった風情でやっていたらしい。

いまの『YouTube大学』につながる芽がこんなところにもあるのかと驚くが、ぼくのことだから「さも当然」と見せながらも、陰でかなり準備を重ねていたんだろう。それを表に出さず、もともとこれくらいさらっとできるよ、と見せたがるのがぼくの勝手な美学なのだ、昔もいまも。

漫才はイリュージョンを生み出す

ともあれ、中学高校の明るいところにはほとんど立たなかった生活から一転して、ぼくは大学の学園祭でみずから舞台に立つことを決意した。

思い切ったことをしたものだと思うが、それだけお笑いが好きだったのだとも言える。なんらかのかたちでお笑いとかかわりたい、笑いの表現をしたいという気持ちがピークに達しての行動だ。

そういえば、小学校のときなどはよくふざけて、テレビで観たネタの真似なんかをしていたものだった。ちょうどウッチャンナンチャン、ダウンタウンが登場して大々的に売り出しはじめたころ。コント番組がたくさんあってよく観ていたし、子どもたちはみんなそれを模倣《もほう》した。

そのあと、先に述べたとおり、女の子とコミュニケーションをとりたくてお笑い番組を徹底研究することにもなった。勉強に打ち込んでいた時期を挟んでいて、しばらくお笑いを観ることにブランクがあったのが幸いしたのか、高校時代に触れたお笑いはおもしろくておもしろくて、それはもう感動で打ち震えるほどだった。勉強ばかりしていたころのぼくは、よほど物理的・精神的の双方で禁欲的になっていたのかもしれない。

当時いちばん気に入っていた番組は、NHKの『爆笑オンエアバトル』だ。そこではネタをしっかり観ることができたから。とにかくにぎやかなバラエティショーよりも、濃厚なネタをじっくり味わえるもののほうが好みだった。

番組を観ながら、痛感した。演芸の力というのはスゴいなと。ぼくが深く感動していたのは、バラエティというよりも、もうちょっと古臭い響きのある演芸というものだったのだ。

たとえば漫才であればたったふたりの人物が、手にはなにも持たず、頭に被《かぶ》り物をするわけでもなく、ただ突っ立って話をするだけであれほどひとを惹きつけるひとつの世界観をつくり出してしまう。そのことに驚嘆《きょうたん》した。

おそらくそこにぼくは、言葉の力の大きさみたいなものを感じ取っていた。芸人とは自分たちのビジョンと世界観、そして言葉の才能だけで世界と向き合っている！　まるでロックスターを仰ぎ見るようにして、ぼくは彼らを崇《あが》めていた。

思い知った、ネタ見せの恐怖

舞台に立とう！　ということを決めたら、ぼくらは着々と外堀を埋めていった。舞台への道を現実的に計画していくのは苦手じゃないし、実行に移す力はあるほうだ。相方となってくれた友人も幸いに、実務能力にたいへん長《た》けたタイプだった。

お笑いサークルみたいなものがあれば、そこに入って学園祭に出られるだろうと思ったが、慶應にはそういうたぐいの団体がなかった。そこでまずは自分たちでサークルをつくり、大学側に申請をするところからはじめた。学園祭でライブをやるための教室の使用許可申請を済ませ、自分たちだけが出るのではライブが成立しないので、ほかの出演者を他大学のお笑いサークルから探し出したり……。

枠組みとしての舞台が着々とできあがっていくなかで、ぼくはネタづくりに励み、それをもとにふたりで練習を繰り返した。

でも、いざやってみるとこれがうまくいかない。いきなりやってうまくいかないのは当たり前ではあるが、演芸の難しさと深みにいきなり直面した。

ぼくが書いたネタを、ふたりで練習してみるも、まったくしっくりこない。おもしろいはずと思って書いたのに、実際に声を出して掛け合いしてみるとまったくおもしろく聞こえないのだった。正解がないなかで、ひたすら試行錯誤を繰り返した。

なんとか「こんなものだろうか」というところまで仕上げ、友人たちに観てもらった。やってみるともうそれだけで、こんなに震えることがあるかというくらいに怖い。

考えてみればネタを見せるというのは、「いまからおもしろいことをやりますので2、3分ください」ということ。日常生活のなかの流れに沿って、自然に笑いが生まれるのならいいが、お笑いをやるとなればそうもいかない。あらたまって「笑いをご提供します」と宣言して、言ったとおりに笑わせないといけないわけだ。それでおもしろいことなんて、普通はうまく言えっこない。そんな状況にいきなり立たされたら、地獄に落とされたような気分になるのは当然である。

お笑いの恐るべきしくみを、初めて知った思いがした。でも繰り返し友人に観てもらうことで、なんとか少しずつマシになっていった。友人たちの言葉だから差し引かないといけないが、まあいいんじゃない？ と言ってもらえるようにはなっていった。

それでも、実際の舞台に立つとなれば勝手が違うはずだ。恐怖心を簡単に拭うことはできなかった。そこで、尋常《じんじょう》じゃないほど練習を繰り返すことにした。そんなにやったら新鮮さが消えてダメになってしまうんじゃないかというくらい、練習に練習を重ねた。

初めてのステージ

それでいざ、本番の舞台に立つ勇気を振り絞ることができた。当日は、100人以上の観客が教室に集まった。いまでこそ、劇場のことを考えたら100人のお客さんというのはさほど多いわけじゃないが、当時のぼくからすると100人がそこに集まっているなんて異常事態にしか思えない。

本番。ギュウギュウになった満員のお客さんの前に、ぼくは相方とともに飛び出していった。最初のボケ。これがウケた。続く2発目のボケ。これも思惑どおりに笑いを誘った。

ひとが笑うと、ドカンッという衝撃が実際に飛んでくることを、初めて知った。その衝撃波をまともに受けて、ぼくは一気に脳がやられた。これか！　これだったんだ！　ぼくが求めていたものは。そう思った。

それまでクヨクヨと悩んだり葛藤《かっとう》を抱えてきたものだけど、そういうことのすべてが一瞬にして完全に蒸発した。すべては吹き飛び、ぼくの頭上にはいま、燦然《さんぜん》と光り輝く巨大な太陽しかない。そう信じられるくらいに強烈な体験だった。

ネタをやっていたのはせいぜい10分弱。そんな短い時間に、これまでのぼくのちっぽけな考えやスタンスは吹き飛ばされ、「そんなことはどうでもいい、気にしなくていいからさ」という声がどこかから聴こえて、ぼくは自己肯定感に満たされた。

モテたいのにモテない、勉強をしても一番に立てるわけでもなし、スポーツ選手として脚光を浴びるほど運動が得意なわけでもない。歌や楽器ができるのでもなく、結局自分にはなにもないじゃないかと、年齢を重ねるごとに薄々感じてしまっていた。

生きていくってそういうものかなと、どこかであきらめを持ちそうになっていたときに、この舞台の瞬間がやってきた。ひたすら興奮した。

舞台を終えたあと、たまたま観にきたという女子高生たち数人に声をかけられた。おもしろかったです、スゴかったです、おふたり絶対にプロになれますよー、と。

彼女たちは、それほど深い意味があってそう言ってくれたわけじゃなかったはず。ふらりと訪れた学園祭で、思っていたよりおもしろい舞台が観られて、軽い気持ちで演者たちに声をかけただけだろう。

でも、その言葉がぼくの脳内には深く刻まれた。うれしかった。ありがたかった。この言葉を支えにして生きていけるとさえ思った。

お笑いの道に進もう。プロになるぞ！　初舞台を終えただけなのに、ぼくはそう心に決めてしまっていた。

Episode 9

ひとりでは生きられない

ぼくの「相方」はどこだ

大学1年生の学園祭は、進むべき道をぼくに指し示してくれた。ぼくにとっては、これぞエポックメイキングと呼べる出来事だった。これからは、お笑いの世界を究めていってやる！　そんな気持ちに満ち満ちた。

ただ、その舞台をエポックメイキングだと感じていたのは、結局のところぼくだけだったよう。

お客さんはその場を楽しんでくれたとは思うが、次の日になれば学園祭で見た素人芸などすぐ忘れてしまうだけ。それはまあしかたのないことだ。

それよりも痛かったのは、相方を務めた友人にとっても、その舞台が大した意味を持たなかったことである。

学園祭を終えたあと、お笑いへの情熱をたぎらせたぼくは、すぐに次のネタを練習したくて友人に連絡をとろうとしたが、いっこうにつかまらない。しばらくしてようやく顔を合わせることができたと思ったら、彼は言った。

空手をはじめたんだ、これがおもしろくて、夢中になってるんだよ。

要は彼にとって、お笑いをするというのは学園祭へ向けた一時の熱狂であって、それ自体がいわゆる「ネタ」に過ぎなかったのである。

相手の気持ちばかりは、どうにもしようがない。無理にコンビを継続させようとしたって、いいことはなにもない。

あとは自分の問題である。彼を失ったとしても、ぼくのなかのお笑いへの情熱が消えないのであれば、その火を絶やさぬよううまく育てながら、同じ熱さを共有できるほかの仲間を探し求めるしかない。

ぼくはお笑いに懸《か》けるつもりなのだから、これしきのことでへこんだりしている場合じゃない。お笑いやネタの研究を続けるとともに、相方探しにも力を入れることにした。周囲の知り合い、これまでの友人に隈なく目を配ってみたり、ときにはお笑いファンが集うインターネットの掲示板を覗いて、相方探しをしているひとをチェックしたりもした。

ネットで連絡を取り合って、実際に会ってみたこともあった。けれど、うまくはいかない。ピンとくる相手は、いっこうにぼくの前に現れなかった。

これは長期戦で考えるしかないな。まあそもそも、いますぐデビューできるような算段があるわけでもなし……。そう考えて、どっしり構えることにした。すると風向きが変わるときというのはあるもので、ほどなくして現在に至るまで相方としていてくれている藤森慎吾と出会うことになるのだ。

ひととの巡り合い、これればかりは縁というのか運命とでもいうべきか、自分の力の及ばないところにあるように思えてしまう。

人間関係の「毒」は妙薬となる

ときに、ぼくはなぜこれほどまでに相方を欲し、探し求めたのだろうか。そこは自分でも少し不思議に思うところだ。

お笑いを追求したい。芸人の世界に入りたい。その気持ちが芽生えたのはいいが、ならばひとりきりで舞台に立つピン芸人の道だってあるはず。それなのに当時のぼくは、その可能性をほとんど考えなかった。

考えてみればいまも同じだ。YouTube にオンラインサロン、それ以前のテレビのさまざまな企画に出演するときもそうだったが、年を追うごとにひとりで活動し仕事をこなすことは確実に増えている。というより最近はほとんどが中田敦彦個人で動いている。

それでも、だ。ぼくはあくまでもオリエンタルラジオというコンビの一員であるという意識を捨てたことはないし、コンビを解消しようとも思わない。藤森慎吾のことをいつだって相方として認識しているし、お互い気にかけている。

相方をいつだって必要としていることは、学生時代から現在に至るまでまったく変わらないのだ。なぜだろう？　明確な理由は挙げられないのだけど、煎《せん》じ詰《つ》めればひとは他者なしでは生きられない、ひととの関係を構築することで初めて人生は意味を成すといった「人間の存在論」のようなところにまでつながっていくかもしれない。

根源的なところで、ぼくは相方を必要としている。

そもそもぼくはひとりが好きなタイプじゃないのだ。いつだって、できればたくさんのひとと一緒にいたいほうである。

そりゃ確かにひととかかわると、かかわったぶんだけいろんなことが起こるし、面倒なことも増える。その気がなくてもお互いに相手の「毒」となるものを放出しているることだってしょっちゅうで、ひとと付き合うというのはなかなか疲れるものだ。いくら表面を取《と》り繕《つくろ》っていたって、たいていのひとはちょっと掘り下げれば歪《いびつ》なところを持っているものだから。

でも、その毒があんがい大事なんじゃないか。たしょう向き合うのがつらいなと思いつつも、互いに毒を与えたり毒を摂取したりをしていないと、おもしろいことも起こり得ないし、心身ともに活性化しない。

よく話に聞くではないか。対人ストレスを嫌って極端な田舎暮らしなどをはじめてしまうと、意外にコロリと亡くなってしまう例などを。老人ホームにしたって、お金があるからといってひとり個室に入ってしまって閉じ込もったりするとよくないらしい。生きる気力がどんどん失せていって、急速に弱ってしまうことがあるそうな。

もちろんひとりで過ごす時間だって重要ではある。ぼくがいくらお笑いはコンビが基本形だと考えてきたにしても、たとえばネタをつくるのはぼくがひとりで籠《こも》ってやるしかない。それを展開させていくにはコンビの力が必要だけれど。

いまならぼくは『中田敦彦のYouTube大学』で授業動画を日々アップしているけれど、そのためにはひとり黙々と準備をする時間が必須となる。動画をつくるうえでもっとも長い時間をかけざるを得ないのは、本を選ぶ時間とそれを読む時間だ。

ただし、本を読むという行為はちょっと異質だ。孤独な作業なのか共同作業なのかよくわからないという感触が、ぼくにはある。本を読むことは、著者との対話を続ける行為だろうと思うからだ。あれは孤独なように見えてあんがい、著者とがっつりと組んだ、二人三脚の営みなのである。

ともあれひとは生きるうえで他者を必要とし、ぼくもお笑いをするうえでまずは他者、すなわち相方が必要だと思った。相方がいてこそ対話と会話が生まれ、関係性や葛藤《かっとう》も生じて、笑いも巻き起ころうというもの。

お笑いで最終的に話を聴いてもらうのはお客さんだけれど、それ以前に笑いを生むための話し相手として、ぼくには相方がどうしても必要なのだ。ぼくは話し好きなほうだが、それはひとに話を聴いてもらうのがうれしいからである。壁に向かってひとりで話していろと言われたら、とうてい耐《た》えられるものではないと先にも述べたが、これはだれだって同じことなんじゃないか。

藤森慎吾との出会い

ぼくがお笑いの世界にうまく入っていけたのは、よき相方と出会えたことがほとんどすべての要因だったと言っていい。

藤森慎吾とは大学時代のアルバイト先で知り合った。損害保険会社の自動車事故受付センターだ。夜間のデスク仕事という地味な職場にあって、彼は異色な存在だった。ブカッとした流行りのファッションに全身を包んで、とにかくよく目立つ。

最初に声をかけたのはぼくのほうからだった。なにも「相方にならないか？」と言ったわけではない。当時のぼくは、コミュニケーションをとることの重要性をようやく学びはじめたころだから、気になるひとにはどんどん話しかけるようにしていたのだ。

慎吾のほうも当時からいまと変わらずノリが軽いというか、気さくなほうだったので、意気投合するのに時間はかからなかった。アルバイト先だけに留《とど》まらず、そのほかの時間にもどこかへ遊びに行ったり、家にゲームをしに来たりとしょっちゅうつるむようになった。

あるとき、ぼくの部屋で慎吾が1本のビデオテープを目にして、「なにこれ？」と聞いてきた。学園祭でぼくが舞台に立ったときの様子を記録しておいた映像だ。そう正直に話し、でも見せるほどのものじゃないと弁明はしたけれど、彼がすごく見たがるので恥を忍んで見せることにした。

その日はそのまま帰っていった慎吾が、数日後に会ったときに言い出した。

「お笑い、やらない？　俺と一緒に」

ぼくは彼に聞き返した。本気で言っているのか？　人生懸けてやるつもり？

彼は少し躊躇《ためら》いながらも、いいよ、ふたりでやってやろうぜと返してきた。

正直なところ、ぼくはその言葉を待ち望んでいた。最初から、あこいつとだったらお笑い、やれるかもしれないと思っていた。でも、半端《はんぱ》な気持ちでやるようでは、前の学園祭のときと同じように、学生の思い出づくり程度のことで終わってしまう。

ぼくはそんなことをしたいわけじゃなかった。人生のほかの可能性を擲《なげう》って、真剣にお笑いで勝負をしてみたいと思っていた。相方となる人物には、同等以上の覚悟を持っていてもらわないと困る。慎吾とだったらうまくいきそうな予感はあったが、それも彼がお笑いのことを真剣に考えるのであればというのが大前提だ。

それでぼくから「お笑いやろう」と言い出すことは、決してしまい、あちらが言い出したら、そのときは本気でふたりで打って出ようと、固く心に誓っていたのだった。

「華」は努力では身につかない

首尾《しゅび》よく慎吾が「お笑いだ！」と言い出してくれて、ぼくらはコンビとしてスタートを切ることができたのだけれど、相手が慎吾であるのは心強かった。

というのも彼には、なんといっても「華」がある。いまもそうだが、彼は当時から本当に華のある人間だった。アルバイト先でよく目立っていたのに留まらない。おそらくはどんな場に出ても、彼の周りはパッと明るくなる。そういう能力を備えていた。

特に芸事の世界では、華があるというのはとてつもないアドバンテージとなる。どんなに容姿端麗《ようしたんれい》で話術が冴《さ》えた人間がいても、華がある者には敵《かな》わなかったりするものだ。なぜかはわからないけれど、その場の空気をいつもアイツが持っていってしまう……というような経験、ないだろうか？　あれはその人間の華に、知らず知らずだれもが惹《ひ》かれている結果だ。

「華」はしかも、いくら努力したって手に入れられるものじゃない。持っているひとはもともと持っているし、生まれつき持っていないひとが急にこれを手に入れるということもまずない。

だからこそ、華のある人物というのは貴重であり、そういうひとがひとたび芸事に目を向けたらたいへんなアドバンテージとなるのである。

慎吾は、生まれつき「持っている」ひとだとぼくには見えた。それがうらやましかった。せっかくならば活《い》かすべきだとも思った。だからこそ、ぼくは彼に強く惹かれていったのだ。

ぼくが相方に惚《ほ》れ込むこととなった「華」という概念はもともと、能の大成者である世阿弥《ぜあみ》が著した『風姿花伝』に詳述され、知られることとなったもの。書かれたのは15世紀というから、ずいぶん昔の話だ。

華を持っているひとはかぎられ、またそれを保《たも》つのも難しいのだと世阿弥は説いている。いわく、人生の時期によって咲く華は違い、それを「時分《じぶん》の花」と呼ぶ。若いときには若いなりの華があり、年を重ねればまたその年に相応《そうおう》の華がある。

しかしその華も、知らず知らず枯れてしまうことはよくある。せっかく咲いた時分の花に、どれだけマメに水をあげたり日を浴びさせたりして、キープしていくかが問題だ。華が得られるひとはすでにかぎられてはいるけれど、それをうまく育てられるひとはもっと数少ないというのである。

慎吾はその点、これまでよく華をキープしているものである。自分の武器が華であるということを自覚して、その華を大切にしている。昔もいまも、彼のことをたいへんリスペクトできる点はそこだ。

ぼくらは漫才に向いていない

いざお笑いの世界を目指さん！　と、視線を同じ方向に定めたぼくらである。まずしたことはといえば、申し込みであった。

吉本興業の芸人養成所ＮＳＣに1年間通う手続きをしたのだ。

芸人になるための道として、ぼくらが唯一《ゆいいつ》思い浮かべることができたのは、ＮＳＣ

への入所だった。「弟子入り」だとか「コンテスト入賞」といった方法もあるのだろうが、あまり現実的なやり方には思えなかった。当時から現在に至るまで、芸人になるスタンダードな方法としては、NSCがもっとも通りのいいものなのではないだろうか。

そこに通って芽を出し、チャンスをつかみ、晴れてプロの芸人として独り立ちしていく。そうした成功例も実際にたくさんあることだし。少なくとも素人の自分たちには、それしか芸人になるルートはないように思えた。

入学金を支払い、簡単な面接をクリアすればNSC生になることはさほど難しくはない。ただ、そこからはなかなかたいへんである。授業やネタ見せなど、本気で取り組むとなるとNSCのカリキュラムはなかなかハードだった。ふたりとも大学はサボり気味になっていったが、とにかくNSC優先と考えて、食らいついていった。

定期的に講師へのネタ見せができる機会はやって来る。そこでおもしろいものを見せられれば、なんらかの道は拓《ひら》けていきそうだった。まあネタ見せをする生徒がいくらいても、講師から好意的な反応を得られる者などほとんどいないのだけれど。

それはそうだ、そもそもNSCは東京校だけで1年に500人ほどの入学者がいて、そのうち卒業後に吉本興業に所属できるのはわずか数組である。さらにその数組のうち芸人として成功を収められるのはひと握りだ。NSCに通っていると、芸人になるのがいかに狭き門なのかということを痛いほど思い知らされる。

嘆いていてもはじまらないので、ぼくらはとにかく行動を起こすように心がけた。ひたすらネタづくり、練習、そしてネタ見せの機会があれば欠かさず申し込むことを繰り返した。

当初のぼくらは、オーソドックスな漫才ネタをしていた。自分なりに猛勉強して、練りに練ったネタだったし、かなり練習もしていたので、ネタ見せをすると講師陣の評価も、まあ悪くはなかった。

でもそれは、あくまでも「悪くはない」という程度のもの。これでは突出した存在にはなれなそうだった。どうしたらいいかと思案した。

ふつうに漫才をやっているかぎり、これ以上おもしろくするのはなかなか難しい。だったら、漫才の型にあまり捉われず、ちょっとふざけた漫才をやってみてしまおうかと思った。

というのも、これは吉本興業がもともと関西で生まれたこととも関係するのかもしれないが、勢いよくしゃべり倒すあの漫才のかたちは、どうしても関西弁を駆使するひとたちに分《ぶ》があるように感じられたのだ。ノリというかドライブ感は、彼らのほうがやはり断然いい。

大阪に住んでいたことはあるとはいえ根無し草のぼくと、長野県出身で東京に出てきていた慎吾のコンビは、純粋に語り口の妙味《みょうみ》のようなところで勝負する「しゃべり倒し漫才」でのし上がるのは難しいかもしれない。

ならば俺たちは漫才の亜種《あしゅ》をやってしまえ！　と開き直った。そうして追い詰められて捻《ひね》り出した策が、のちにぼくらをデビューへと導いてくれることになる。そう、「武勇伝」ネタの原型は、そんな苦肉の発想から生まれていった。

Episode 10

なぜ「武勇伝」は ウケたのか

王道ではなく、「もどき」で勝負

ぼくは物事を練り上げるのが好きだ。夢中になったことに対しては、周りを顧《かえり》みずとことん打ち込んでしまう性分なのである。

NSC時代も、どんどんネタ見せをするにあたって、演じるネタがなくて困るということはなかった。NSCに入る前から書き溜《た》めていたネタのストックがたくさんあったし、それを少しでも増やそうと努めていた。使っても使っても、つねに100本は未発表のものを手元に置いておこうと思い、実践していた。

ネタ見せの前には毎回、慎吾とふたりで「どれにする？　こっちがいいか、あっちにするか」と相談するのが恒例だった。けれどここのところ、しゃべり倒す王道の漫才には行き詰まりを感じている。自分たちの強みにならないんじゃないかという疑問が湧《わ》いていた。

じゃあ、今度はこれでいこうよ。ネタ帳を見ながら慎吾が指し示したのは、これまでぼくらがやってきた漫才とは大きく異なるネタだった。

それは、「オレ、こんなにスゴイんだよ」と、ボケ担当のぼくが自分の強さや破天《はてん》荒《こう》さを自慢していくというもの。

「チョキでグーに勝つ」

といったナンセンスな自慢を繰り出していくぼくに対して、ツッコミの慎吾は、

「スゴイな！」

と素直に認めつつ、「チョキのポテンシャルをそこまで引き出せるの？」などとスゴさの解釈を施して、笑いに変えていく。

このパターンをハイスピードで、いくつも勢いよく連ねていくのだ。

こんなのやったらどやされるかもしれないな……。ふたりともそう覚悟していた。

これが漫才の王道でないのは明らかだ。邪道というか、漫才もどきというか、これまで見たことのないパターンだから、笑いをナメるな！　と一喝《いっかつ》されておしまいかもしれない。

でも、これまでどおりのことをやっていても手詰まりだ。ぼくらは思い切ってネタ

見せの場にこれを持ち込んだ。

勢いと元気だけは絶やさぬようにと演じ切ってみた。すると、講師の反応は意外なものだった。

「これは……。やっていけば、なにかあるかもしれんな」

しかも、だ。開き直り具合がぼくより進んでいた慎吾は、ネタをしながらふざけまくって、フレーズの言い回しでかなり遊んでいた。「すぅごいなぁ！」みたいに。

そんなナメたしゃべり方して、コイツは怒られるぞ……、と思っていたら講師は、

「君だけ、なんかノリ悪いんじゃない？」

とぼくに向けて言ってきた。ああそうか、これくらいやってしまえばいいのか。乗り遅れた自分を反省した。もっともっとリズムよくやってみたら、新しいネタのかたちになるんじゃないのかと、講師は指摘してくれた。

これは大きな提案だった。いわゆるいまでいう「リズムネタ」という方向性を試みてはどうかということだ。新しいかたちを自分たちが生み出せるかもしれない。そのアイデアに、ぼくらは夢中になった。

セオリーを捨て、M―1準決勝進出

それからの数ヶ月間、思いがけず好評だったネタのブラッシュアップに、ぼくらはほとんどの時間を費《つい》やした。ほどほどいい具合に「セオリーなんて無視していこう！」という精神が働いていたのは幸いだった。定型をはみ出していった先に光明が差したわけだから、どんどん新しいことに挑戦していけばいいと、前向きな気分で取り組めた。

ウケがよかったのは、リズムよくやったからだ。だったらいっそ、歩き方もひとつひとつの身振りも、全部まるごとダンスみたいにしちゃおうぜ。

じゃあしゃべり方もラップみたいにしてさ。決めゼリフと決めポーズは歌舞伎の「見得《みえ》」とかヒーローもののポージングを真似《まね》しちゃおう……。

こうしよう、ああしたいというアイデアが、ふたりのあいだを勢いよく飛び交った。いい兆候《ちょうこう》だった。自分たちがワクワクしながらつくったものでなければ、どうして観てもらうひとを楽しませることができようか。

同時に、人様に観てもらうものなんだから、よくよく考え抜き、練り上げて、熟成させた技に仕上げるのが演者の責任でもある。アイデアを一本のネタというかたちにしていきながら、どうやったらよりお客さんに伝わるだろうかということも、自分たちなりに考え抜いていった。

そうしてあらゆる方面から磨きをかけたネタを、ぼくらはまたNSCに持ち込んだ。ネタ見せの場で披露すると、教室にいたほかの生徒たちからも大いにウケた。講師陣の反応も上々だった。

なによりうれしかったのは、M－1でもいいところまでいけるだろうと講師からお墨付きをもらえたことだった。

当時もいまも、M－1グランプリといえば、お笑いを志す者たちの登竜門として君臨するコンテストだ。そのM－1でいいところまでいけると言ってもらえたのだ。それはつまり、このままうまくやればデビューまで漕ぎつけられるということにほかならない。

ひそかにガッツポーズをした。もちろんプロの道は厳しく、デビューできたからといってそこから生き残れるかどうかはまた別の話だが、まずは芸人の世界に潜り込めるかどうかが勝負。ぼくらはそこに全神経を集中させていた。道筋が見えたのなら、とにかくうれしい。

それからほどなくＭ－１にエントリーしたぼくらは、講師の予想どおり、順調に勝ち進んだ。まだＮＳＣ生であるにもかかわらず、予選を突破し、本選へと駒を進めた。百戦錬磨《ひゃくせんれんま》の芸人たちに交じったぼくらの武器は、目新しさと勢いだ。ネタのバリエーションの少なさは、経験が不足しているからしかたがない。結果、ぼくらは準決勝まで進むことができた。そこで力尽きたのは、その時点での実力と言っていいだろう。

目指すは優勝だったので喜びも半分ではあるけれど、大会を通して広く名前を知ってもらうことはできた。

ＮＳＣを卒業したぼくらは、そのまますぐテレビに出演することができ、「武勇伝」と名づけたデビューネタは、ちょっとしたブームを巻き起こしていくこととなった。

ネタの精度より大事なこと

それにしてもぼくらのデビューネタとなった「武勇伝」は、どうしてあんなにウケたのか。なぜあのころの自分たちに、ブームを起こすようなネタを生み出すことができたのだろう。はっきりとした答えは、自分のなかを探っても見出すことができない。

もうひとつ遡《さかのぼ》って、学生時代の学園祭で初めてお笑いの舞台を踏んだときも、まったく経験がなかったというのになぜそれなりにウケをとれたのか。

緻密な計算のもとに高い成功確率が割り出され、それを実行したまでのこと……と言えればいいが、まったくそんなことはない。学園祭も「武勇伝」も緻密な計画を立てられていたとは言い難《がた》い。けれど、「これならいける！」というイメージを強く抱いて、そこへ向けてできることをすべてやったというプロセスは共通している。

単純な話、準備を尽くしたかどうかが、ひとつの分かれ目ということである。そのステージに向けて、どれだけ真摯《しんし》に向き合い、全精力を傾けたか。できることをすべてやり尽くしたと、心の底から言えるかどうか。あんがいそんなことが最重要だったりするのだ。

本当のところをいえば、だれのどんなネタだって、真の「おもしろ度合い」なんて測りようもない。人気の定番ネタ、一世を風靡《ふうび》したネタは数多いけれど、そういうものは純粋なネタのおもしろさとしてもちゃんと最上位になるだろうか？　好みや時代も関係してくるものだから一概には測れないだろうし、あらためて内容や完成度をチェックしてみれば「それほどでも……」というものだってけっこうあるではないか。

つまりは、ひとに受け入れてもらえるか、笑いを生み出せるかどうかは、ネタそのものの精度ばかりとは言い切れない。ではなにが分かれ目になるのかといえば、やりきった感の末に漂《ただよ》ってくる演者の自信のようなもの。それが大きく作用していそうだ。

そう考えれば、学園祭で初めて経験したステージも、一心不乱に完成させた「武勇伝」も、自分のなかでやり切った感は充分にある。その時点でのベストを尽くして、考えに考え抜いた。すると、おのずと結果がついてきたのである。

思えばこのしくみは、近年ぼくが取り組む『YouTube大学』の授業でもまったく同じだ。自分のなかで気持ちが乗って、本や資料の読み込みがしっかりでき、コンディションよく「今日はおもしろいぞ」と思いながらカメラの前に立って授業をすると、自分にとっての「名作」ができる。そういう回は、視聴者数もぐんと伸びるものだ。

逆に、取り上げる内容の問題か自分のコンディションのせいか、それほど気分がすぐれないままに準備を進めて、もちろんそのなかでベストは尽くすのだけれど、「今日はこれぐらいで勘弁《かんべん》してください……」という日だって正直ある。そういうときは、動画としての出来も視聴者数も、それなりである。

当たり前といえば当たり前のことかもしれないが、伝えるひとの気概《きがい》や心持ちは、つくるものに大きく反映されるようだ。

お笑いとは「波動」である

ぼくはそのあたりのしくみを称して、笑いには「波動」があり、「波動」をうまく伝えることが重要だと分析している。

お笑いをやっているとだれしも痛感するところだと思うが、同じネタでもウケるときとウケないときが、明らかにある。それがなにに由来するか。いろんな要因はあろうけれど、ひとつにはうまく波動が出ていない、または届けられていないということが多いようなのだ。

人間のセンサーというのは、科学的な数値では測れないほど高度で繊細だったりするものだ。第六感とでもいうのか、「ああこのひと、ちょっと怒ってるのかも」「心ここにあらずだな」などという微妙なことまで、瞬時に感じ取ってしまう。コンピューターによる顔認識がどれほど発達しても、顔色まですぐ嗅《か》ぎ取ってしまうこの人間の能力は、なかなか真似ができないんじゃないだろうか。

お笑いを見ているひとも、そういう微妙な状態や気配を、演者から感じ取っているに違いない。それで素直に共感したり笑いたくなったりするときと、どうも興《きょう》が乗らないときに分かれたりするのだと思える。

それをぼくは波動という言葉で捉えているわけだ。ひとは相手の状態を感じ取るセンサーがあまりにも繊細で高機能なので、台本の言葉の意味に反応するというよりは、演者が発している感情や熱量にこそ敏感になってしまうところがある。よくない波動が伝わってしまえば、どれほどネタがよくてもウケることはない。

まるで武道の話をしているみたいだ。達人同士だと、対峙《たいじ》しただけで相手の強さがわかってしまい、組む前から勝敗は決してしまうと聞くが、お笑いにもそういう面はある。舞台に出てきた瞬間、まだなにもしゃべっていないのに、ああこのひとはきっとおもしろいと確信できることがあるではないか。逆に、理由もなく「このひと、今日は調子が悪いんだろうな、残念」と感じてしまうことだってある。

お笑いの才能があったとかスター性があったとか、ぼくらオリエンタルラジオがデビューを果たすことができたのは、そういう具体的なことではなかった気がする。ただ目の前のことに熱中して、人前に出すものに対して最善の努力を傾け、突き詰めてつくり上げ、舞台の上に立てばそれを自信を持って届けようとはしてきた。その必死さがいい波動を生み、見てくれるひとのもとへ伝わったということなのだろう。

Episode 11

最強にして
万能の武器は、
言葉

言葉を磨かずして成功はない

ぼくらオリエンタルラジオは若くしてデビューすることができて、しかもデビューネタがヒットするという幸運に恵まれた。これは本当に予想外なことだった。

最初はぼくらだって覚悟していたのだ。いくら首尾《しゅび》よくデビューできたとしても、そのあとすぐに売れるなんてことはない。お笑いが好きで片《かた》っ端《ぱし》からネタを観たり情報を集めたりしていたぼくの個人的な統計からすれば、一人前の若手としてステージに立ち、名を知られるまでにふつう4、5年はかかるはずだと。

それなのにぼくらは、いわゆるトントン拍子で芸人の道を歩みはじめることができた。芸人としての実力云々というよりも、世阿弥《ぜあみ》の言う「時分《じぶん》の花」がタイミングよく咲いてくれたりした結果だ。

ひとことで言えば、運がよかった。ならばその事実を受け入れたうえで、ぼくらは目の前のことにより熱狂してのめり込み、出し惜しみせずに力を放散しつつ、同時に自分たちのなかには経験と実力を蓄《たくわ》えていかなければいけない。

言うは易《やす》しだが、初心を守ることはなかなか難しい。これまでに経験したことのないスピードで周囲が動いていくから、どの世界でも新人はそのテンポに慣れるだけでも精一杯。それで自分の立てた志《こころざし》まで気が回らなくなるのだ。かくいうぼくらもそうだった。

心身ともに忙しさと疲労が溜《た》まる日々。そんななかでもなんとか新人芸人として自分たちの存在をアピールし、ネタのブラッシュアップも怠《おこた》らないよう心がけた。そうして、自分の芸の糧《かて》となることも継続しなければと、もがいていた。

ぼくがそのころから、そしていまも心に留《と》めているのは、どんな仕事をするときにも「言葉」を大切にすることだけは忘れずにいようということ。

ぼくらの仕事というのは、言葉が資本である。漫才でもコントでも、テレビ番組のフリートークでも、ぼくらが武器にしているのは言葉だ。

確かに身体的な動きが加味されることはある。「武勇伝」はリズムネタでダンス的な要素もあるが、それは言葉でネタの意味や方向性が確立されたうえでのこと。演出としてリズムや身体表現が取り入れられているにすぎない。

たとえひとことも言葉を発しないネタだとしても、テーマや組み立ては言葉によってつくられているはずだし、お客さんだって言葉を介《かい》してそのネタを受けとめる。言葉を抜きにしてお笑いは存在し得ない。

言ってみれば、言葉がすべて。言葉への感覚を磨き、言葉を大事に使う意識は不可欠である。

世界は言葉でできている

ぼくは芸人からはじめてずいぶん活動の範囲を拡げてきたけれど、比較的スムーズに移行できたのは言葉の力のおかげだと思っている。言語運用能力とはもっとも応用範囲の広い武器だと実感する。

ぼくは近年、Ｔシャツなどの物販をしてきた。

はじめたころは音楽フェスなどに出向いて販売をしたが、そんなとき、ただモノを並べて置いているだけではなかなか売れない。そこでぼくが前に出て行って、商品についてあれこれウンチクや思いを語りまくって伝えると、たくさん売れるようになる。

芸人として名前と顔を知ってもらっているアドバンテージはあるだろう。けれどモノが売れるのはそうしたネームバリューの力ではない。ぼくはその場で発する言葉の力だけで、なんとかひとの気持ちを購買にまで持っていこうと必死にしゃべる。するとモノはなんとか売れる。「言葉が届いた」結果なのだ。

こうしてモノを買う場面で考えるとわかりやすいように、ひとは言葉によって動かされる面が多分《たぶん》にある。最初は買うつもりもなくぼくの話だけ聞いていたひとが、話が終わるころにはTシャツを手にしているということは、ひとの言葉によってひとの行動が変化したということ。

ひとは言葉によって意思を変えられてしまったり、楽しくなったり悲しくなったり、感情がどんどん突き動かされる。ひとをこんなに自在に操《あやつ》れるものを、ぼくは言葉以外に知らない。

たとえば宗教というものは強大な力を持つが、あれも基本的には言葉で神や天国や地獄の存在をひとに知らしめている。真理はこうだと、言葉によって信じさせるのだ。言葉が世界を設定し、ひとを動かしているのは事実だ。だからこそぼくは言葉を武器にしたいと思ったし、その武器をもっともっと磨きたいと日々考え続けている。

「浮き沈み」への対処法

言葉を武器に生きていこう。それはぼくの生きる指針のひとつだ。言葉を強く意識することによって、救われたことは数知れない。たとえば、芸能の世界に付きものの「浮き沈み」への対処もそう。

繰り返し述べたが、ぼくらオリエンタルラジオは、なかなか激しい浮き沈みを体験してきた。

デビュー時は「武勇伝」というリズムネタを引っさげて、「新しい感覚の笑いが出てきたぞ！」と注目された。時分の花を咲かせることができたわけだ。しかしその花はさほど長く持たなかった。勢いのまま自分たちの名を冠した番組まで持つことができたのに、うまく軌道にのせることができなかった。冠番組の終了とともに人気は引き、ひとつまたひとつと仕事を失った。

その後いくつかの紆余曲折《うよきょくせつ》を経て、楽曲『PERFECT HUMAN』が大ヒット。さらにそのあと、ぼくはYouTubeをはじめて半年でチャンネル登録者数１００万人を突破することができた。

こうしてあらためてたどると、復元力がひとつのポイントだったのだなと思う。低迷したときも歩みを止めず、現状を分析して次の手を探る。それができたから、何度落ち込んでも盛り返すことができたのだ。

その際に自分の力になってくれたのは、やはり言葉だ。自分の立場をあれこれ考えたり分析したりするのは、言葉の力。新たに活動の方向性を決めるときにも、言語力が唯一《ゆいいつ》最大の武器として機能してくれた。

もちろんお笑いのネタや動画コンテンツなど、ぼくが生み出すエンターテインメントの中身をつくるうえでも、言葉の力はなにより大切だ。

いまのぼくは『YouTube大学』と称して日々動画をアップしていたり、オンラインサロンのメンバーとZoomなどでコミュニケーションをとり続けたりしているわけだが、そのときに提供したりやりとりしたりしているのは、当然ながら言葉である。『YouTube大学』では、難解そうな歴史的問題や書物の内容を噛《か》み砕いて紹介するのが、ぼくのスタンスであり役目だと任じている。わかりやすくロジカルな話し方の訓練をしているんですかと問われることも増えた。特別なトレーニングをしているわけじゃない。あるとすれば、これまでの積み重ねがものを言っているということだろうか。

喩《たと》え話がわかりやすいと言ってもらえることもある。このコツとして思い当たるのは、エピソードを仕込みすぎないということだ。だれかとの対話はもちろん、ひとり語りであっても、その場に即《そく》した対応をしないと言葉が生き生きとしてこない。話の流れを無視して無理にエピソードを披露しても、記憶力自慢くらいにしかならない。

いまそこで展開されている話のポイントをさらにはっきりさせるために、ときに喩え話を用いるのである。

思えば、言葉の力が必要となるのは、芸人として舞台に上がるときだけにかぎらない。生きていくあらゆる場面で使えるのが言語力だ。ぼくはまだまだこの力を磨いていきたいし、言葉とともに生き、言葉の力を活《い》かした仕事をしていきたいと思っている。

Episode 12

ぼくは「駄菓子」でありたい

「まだやれることはある」

芸人として劇場に出たり、テレビに出演したりというだけでなく、ジャンルを超えて活動するようになると、見えてくるものはたくさんある。

たとえばそれは、クオリティの維持のしかたについてのこと。

どんな場所、業界で動くにしても、その世界で認められ、お客さんに満足してもらえるクオリティというのはあって、それを高めていかないと生き残ってはいけない。

これはどこに行っても普遍のルールだ。

ではクオリティを高め、保《たも》つ方法として、ジャンルを超えて通じるものはあるのかどうか。ある、と断言したい。

その方法のひとつは、先にも述べた「言葉の力」だ。およそ人間の営みで、言葉をまったく介《かい》さないものなんてないのだから、言葉を磨くことは自分のやっていることの価値を高め、パフォーマンスを上げるのに必ず結びついていく。これは間違いない。

そしてもうひとつ。失敗への対処と向き合い方である。

だれしも「これに懸《か》けている！」という物事で失敗したら、ヘコむに決まっている。絶望に打ちひしがれる。

気分が落ち込むのは、まあしょうがない。問題はその先だ。そこでただ腐っていてもなにも生まれない。言い訳したりだれかのせいにしたりするのもいいが、怒りと混乱がひと通り収まったら、具体的な対処に動き出さなければ。

ぼくはそのあたりに関する自分の戒《いまし》めとして、座右《ざゆう》の銘《めい》として必ず挙げるようにしている言葉がある。

「まだやれることはある」

というものだ。派手に失敗して、途方に暮れているのはわかる。でも、リカバリーの方法としていま、本当に目の前になんのアイデアもないのか？　と問いただすわけだ。

そうすると、なにかしらやれることはそこに転がっていたりする。

ぼく自身について言えば、これはもうだめだ、絶望だと思ったときも、

「まだやれることはある」

とみずから言い聞かせて、実際なにもやれることが思いつかなかったことなんて一度もない。

この際、やるのはどんな愚策だっていい。もしもお客さんが集まらないというのなら、街に出て声をかけるのでもいいし、ビラを配るのでもいい。ＳＮＳで大騒ぎして注目してもらうのでもいい。困っているときに、ただひたすらじっとして困っていても現状は変わらないのだから、とにかく動く。

ぼくは追い込まれているとき、たいてい夜中にガバッと起きてしまう。「これはピンチだ！」と。それでノートを開いて、思いつくままにやれることをすべて書いていく。そのうちのどれがいい策かなんてまったくわからないけれど、思いついた先から書いておく。そしてひとつひとつ実行に移す。

功《こう》を奏《そう》する確率？　効率？　そんなのは知ったことじゃない。

ひたすらやる。当たるときは、当たる。ただそれだけだ。

ピンチのときはとにかく動く

２０２０年、突如《とつじょ》ぼくらに降りかかったコロナ禍でも、そうした手法に頼ることとなった。ぼくはオンラインサロンを主宰しているわけだが、そこでは『YouTube大学』の収録に参加できることなど、リアルな活動もひとつの売りだった。

コロナ禍のあいだ、リアルな活動がことごとくできなくなって、さてどうしようということになる。サロンメンバーの声に耳を真摯《しんし》に傾けながら、ぼくはやれることをノートに書き出して、実行に移していった。

たとえばそれは月会費の見直し。みんなコロナ禍で先行きが見えず、経済的にも不安なはず。とすればそれまでの月額５９８０円は高いかもしれない。ぼくは一気に月額９８０円に下げた。

リアルな場が使えないなら、オンラインの場でぼく自身とサロンメンバーの接触率をもっと高めることで、サービス向上につなげられないかとも考えて、そういう機会を増やした。

結果としてこれらの施策は受け入れてもらえ、会員数が増えたことは先にも述べたとおりだ。

あらゆる箇所を点検して、修正点を挙げていって、もっとよくなる仮説を立てる。実現可能なものを片っ端《かたっぱし》から実行するということをしていった。

効果がなければ撤退すればいい。まずは思いつくかぎりやってみるのだ。

なにしろ、「まだやれることはある」と並んでぼくが座右の銘に掲げているのは、「前言撤回」

である。座右の銘を守るためにも、じゃんじゃん思いつきをいったんかたちにしなければならない。

あれこれやっていると、実行しているあいだに時間があっという間に経ってしまう。不安に思いながら立ちすくんでいるよりも、ずっと動いているほうが暇がなくなって精神衛生上もいいのだ。

アップデート主義

いわば、アップデート主義。この方法をいつごろ確立したのかと自分に問えば、お笑いのネタをつくり続けてきたなかから編み出されてきたのだと思い至る。

お笑いも、正直なところなにがウケるかなんて、よくわからない。ぼくのような笑いの天才でもなんでもないものがわからないのは当然だ！　という声も聞こえてきそうだが、いやどんな大御所《おおごしょ》も、実は笑いの正体をつかむことはできていないんじゃないだろうか。

百発百中でウケるのなら、M－1グランプリのような企画はやる前から優勝者がわかってしまうはずだ。でもそうはならない。やってみないとわからないという部分があって、そこが笑いの不思議なところである。

だから、ネタを考えるときも、思いついた端から書いてみて、実際にやってみて、ひとつひとつ検証するよりほかない。

先に述べたリカバリー法と同じで、すべて書き出して、片っ端からやってみる。直して、やってみて、直して、やってみる。ぼくにかぎらず、お笑いのネタはたいていどんどんやってみるところからブラッシュアップされていく。

ネタをつくったら、いちど舞台にかける。そうしてウケたところは残して、ウケなかったところは変える。そのように「ＰＤＣＡ」サイクルを高速で回していって、クオリティを上げていくのだ。

だから実は、多くのひとにお馴染《なじ》みのネタも、原案というか最初に舞台にかけられたときのものとは、ずいぶん違うものになっていたりする。そう、お笑いのネタはつねにアップデートされていくのがふつうである。

ここが音楽などとは異なるところ。音楽の楽曲はリリース段階でいちおう完成したパッケージをつくらざるを得ない。米津玄師さんが『Lemon』をアップデートしたのでＣＤをリリースし直します、とはなかなかならない。これは商品にするときの形態の違いからも生じるのだろう。

芸人が劇場に出続けて、１日に何度も舞台に立ったりするのは、ネタのクオリティアップのためにはいい環境だ。ＰＤＣＡをどんどん回していけるわけだから。若手でこれから売れたい野心を持っているようなひとには、これは大いなるチャンスの場となる。そこに気づくかどうかが、芸人として上がっていけるかどうかの分かれ目だったりもする。

お笑いのネタ磨きは、他分野にも通じる

芸人がアップデート主義でネタを磨いていくのは、そうしないと痛い目に遭《あ》うのがまさに自分だからという面もある。だってネタ磨きを怠《おこた》って、舞台でスベったら、いちばんつらくて傷つくのはだれあろう、その冷たい空気を一身に浴びる自分自身である。

おもしろいはずだと慢心してやったボケがスベり倒した日には、恥ずかしくてもう二度と人前に立ちたくないと思ってしまう。だからそうならないよう、すでにそこそ

こウケているネタであろうと変化を加えていく。殴られるのが嫌でとっさに防御する、といったことに近い感覚がある。だから、それでも変えないというのは、もう体力と情熱がそこに向かっていないんだなということかもしれない。それくらいに、変えていくのが当たり前という世界なのだ。

ぼくらがデビューしたネタ「武勇伝」がよく練られて完成度が高かったと言ってもらえることはあるけれど、あれも養成所時代から披露していて、改善に継ぐ改善がなされたあとだったから、そう受け取ってもらえたのだと思う。

お笑いのネタの磨き方というのは、なにかものをつくり上げているひとにとって、いいモデルケースになると思う。

ぼくはいま、自分のYouTubeチャンネル『YouTube大学』で日々コンテンツを更新しているけれど、これもネタづくりと同じ感覚でやれている。テンポや方法論が自分の性に合っていることを強く感じる。

結局ぼくは同じことをそのままやるのがとにかく嫌なのだ。新しいことをやるときにこそ、自分がワクワクできる。なので『YouTube大学』では、毎日新ネタをつくるつもりで本を読み、しゃべってコンテンツをつくっている。すぐ次のネタの準備があるから一度やったネタはそれで終わり、という潔《いさぎよ》さがたいへん快《こころよ》いのだ。

ぼくがやっていることはB級グルメ

『YouTube大学』のコンテンツは日々更新されていく。ひとつのネタを変化させ磨いていくお笑いのネタとは正反対のようでいて、そうではない。『YouTube大学』はそのチャンネルがひとつのネタという感覚だ。ぼくは自分のチャンネル自体を、日々アップデートしているつもりでやっている。

いつもそこにあって、なんらかの動きがあって、チャンネルを開けばいつでも楽しめる。そういうお馴染みの存在になれるというのは、いまのぼくがYouTubeで目指すところである。

そう、いわば駄菓子《だがし》のような存在でありたい。または料理でいえば、おでんのような。お笑いやエンターテインメントはそうした庶民派の食べものであるべきと、常々思っている。

おでんとフレンチはどちらが格上か？　そう聞かれたらほとんどのひとはフレンチと言うだろう。結婚記念日にどちらかへ行くなら、まあフレンチを選ぶのではないか。人生の大事な日には、高くても満足度の高いフレンチへひとは向かうわけである。

しかし、だ。一生のうち、実際どちらのほうをたくさん食べるかといえば、たいていのひとはおでんではないか。格ではフレンチに敵《かな》わないかもしれないが、愛着でいえばおでんのほうがずっと上なはず。

おでんの具で、卵と大根どっちが好き？　それともほかの具が好み？

などと盛り上がることはだれとでもできそう。けれど、フレンチの前菜やメインでなにが好きかといった話は、かなり相手を選ぶことになりそうだ。

お笑いという存在は、圧倒的におでんに近い側のポジションにある。この上なくカジュアルでデイリー、もっとも身近なエンターテインメント商品だろうと思う。

その親密感が、お笑いの持ち味だ。無理にフレンチの真似《まね》をしたり、対抗しようとしたりしなくたっていい。フレンチのように格調の高いコンテンツはそれを得意とするフレンチシェフのような方々がちゃんといるので、お任せしておこうではないか。

こちらはなにを言ってもしょせんはB級グルメ。そこはちゃんと自分たちでわかっておきたいところ。でも、だからこそ毎日、こんなスピードでどんどん料理を作ってご提供できるんです。いつもの味のうまいもの、いつだってできたてをさっと食べられたらうれしいでしょう？　そういう店が身近にあったら安心するでしょう？　いつだってそう自信満々に言える存在でありたいと思う。

正気に戻してくれた母の言葉

自分の提供するものが、駄菓子でありおでんであることをしっかりと自覚し、そこにプライドを持つべきだと言った。とはいえ、芸能界とはやはり派手な世界でもある。チヤホヤされたり黄色い歓声を浴びるうちに、自分がひとつ数十円の駄菓子を売り、数百円のおでんの具を仕込んでいるのだということを、つい忘れてしまいがちだったりする。

ぼく自身も、ずいぶん危《あや》うかった。デビューと同時にドカンと売れて、若い身空《みそら》で芸能人扱いしてもらい、急にお金も入ってきてタワーマンションなんかに住んでみたりしたことが、若いときにはあったものだ。

そのとき、ふっと正気に返らせてくれたのは、身内の声だった。タワマンに遊びに来た母が、やたら寂しそうな顔をしながら、

「芸人さんはさ、ちゃんと庶民の味方でいてよね」

と漏《も》らした。

そのひと言が胸に刺さった。きっとぼくは知らぬうちに、かなり調子に乗っていたのだ。ちょっと売れたからといって、おでんとして食卓で愛されたいという姿勢を忘れてはいけないと思い直した。

YouTubeやオンラインサロンをやっていても、これは同じだ。チャンネルの名前を『中田敦彦のYouTube大学』などと付けているから、たまにコメント欄に「中田

先生は～」などと書いてきてくれるひともいる。

「先生」という呼称は危険だ。言われた側は悪い気がしないし、だからいろんな場面でひとを持ち上げるときに使われるのだろうけれど、これに踊らされてはいけない。先生という呼称をすんなり受け入れそうになっていたら、おでんスピリットを忘れかけている兆候《ちょうこう》だから気をつけなければいけない。

「ちゃん付け」で呼ばれ続けたい

ありがたいことに、ぼくにはよく知られた呼び名がある。「あっちゃん」だ。中田敦彦だから、あっちゃん。なんの変哲《へんてつ》もないあだ名だけど、まんまと定着させることができた。それはそうだ、デビューネタの「武勇伝」からして、相方の慎吾に「あっちゃん、カッコイイーッ」と連呼させているのだ。

おかげで浸透したのだけれど、当初から「ちゃん付けのあだ名で呼ばれるようになりたい」という狙いはあった。こんなにうまくいくとは思っていなかったけれど。

なぜかと言えば、当時の、そしていまもカリスマ的な存在の芸人は、こぞって「ちゃん付け」のあだ名で呼ばれているからである。

内村光良さんと南原清隆さんはコンビ名からして「ウッチャンナンチャン」。ビートたけしさんや明石家さんまさんだって、ずっと「たけちゃん」「さんちゃん」と呼ばれてきた。たけしさんなんて、映画監督などの顔を持ち出されて「世界の北野」などと言われれば言われるほど、「たけちゃん」として自虐《じぎゃく》的にふざけ倒したりする。

芸人にはあの精神が大切なんじゃないだろうか。

だからぼくも、せっかく「あっちゃん」と呼んでもらえるのなら、これはずっと呼び続けてもらえるようにあらねばと思っている。「先生」などと言われることにできるだけ抗い、「あっちゃん」の状態を維持する。広く親しんでもらいながら、決して偉ぶらず、いつまでもバカなことを口にしていられるようでなければ。ネタを見せる舞台から遠ざかったとしても、その精神は決して忘れないつもりだ。

人気ユーチューバー「カジサック」ことキングコングの梶原雄太さんが、自分の

YouTubeチャンネルで、相方の西野亮廣《あきひろ》さんのご両親の自宅に突撃訪問していたことがある。そこで梶原さんが西野さんのお母さんに、

「西野さんは最近、エンターテインメントとしてディズニーに勝つなんて言い出していますけど、わが子のそういう言葉をどう思いますか？」

と訊《き》いていた。西野さんのお母さんはあっさりと、

「いや、なにを言っとんの？　って思って見てます。そんなことより、あんたと一緒にやっていたころに戻って、もっとみんなを笑かしてほしいわ」

そう答えていた。

キングコングのおふたりの、それぞれの活動はすばらしい。ぼくが尊敬し、見習おうとしている先輩だ。そんなふたりでも、実の親にかかるとこうなってしまう。

「初心を忘れるなよ。大事なことを見失うなよ」

西野さんのお母さんの言葉は、実の息子だけではない、あらゆる芸人、エンターテイナーに向けられた優しきお叱《しか》りだ。

Episode 13

ドラクエはレベル0から15までが楽しい

イロモノ扱いのぼく

ぼくは近年、YouTubeとオンラインサロンでの活動が主になっている。テレビの仕事は、数年前から意図的に減らしていった。レギュラー番組も、みずから降板を申し出て、数ヶ月から半年の猶予期間を設けつつ円満に卒業していった。

そうした例はかなり珍しいものだったようだ。テレビ番組のレギュラーをみずから降りる例はほとんどないから、申し出たあとのテレビ局側は想定外の事態に戸惑いを見せていた。申し訳ない気分になったものだ。こちらにも先方を困らせるつもりはなかった。

それでもぼくは、自分の信じる新しいことにどんどん挑戦していきたくて、わがままを言わせてもらった。テレビの世界での仕事に嫌気《いやけ》がさしたということではなく、名残惜《なごりお》しい面もあった。

ぼくらオリエンタルラジオも、ネタ見せ番組からリポーター役、短期長期のロケ、ひな壇でのトーク、社交ダンスへの挑戦や先生役、そして短くはあれ冠番組を持ったりと、ふたりセットでまたバラバラでも、いろんな番組にかかわらせてもらってきた。

テレビという場での芸人の仕事というのは、まことフェアなものだ。番組が終わってしまったり、区切りのいいところで降りることとなったりももちろんあるけれど、基本的に芸人はおもしろくて視聴率が取れれば、テレビの仕事を続けられる。明快なルールである。そのわかりやすくて公正なところが保《たも》たれていれば、おもしろいテレビ番組はこれからも出てくることだろう。

そんな魅力的な世界とみずから距離をとってしまったぼくは、外の世界でたまたまおもしろそうなものを見つけてしまったわけで、まあかなりの例外だ。テレビから離れる際に考慮せざるを得なかったのは、テレビの仕事を減らしても食っていけるだけの仕事と経済的基盤を確保すること。そこはなければ困るから、よくよく考えた。

周りからの反応だって、テレビのレギュラー番組を自分からやめてでも時間をつくって、なにか違うことをはじめるなんて、いったいなにを考えてるんだ？　というものが大半である。そういう反応に対して「いやいや、こういう意味とビジョンがあって……」と説得するには、よほど確固たる今後の構想がなければならない。

実際のところ、はじめるときにそれほど説得力のある材料を揃《そろ》えることがぼくにはできなかった。それでも「中田が言い出したことなら……」と大目に見てくれた周囲にはひたすら感謝しかない。

でも当然ながら、当初は好意的というよりは、

「あらあら、変わったことやり出したね、中田も」

といったイロモノのような見られ方が大半で、孤軍奮闘《こぐんふんとう》していることを肌身に感じたものだった。共感を得られているとは、とうてい思えなかった。

それでも徐々にYouTubeに芸能人が参入する例も増えていき、カジサックさんをはじめ、成功の道筋やイメージもできてきたことが大きな追い風となった。

コロナ禍を境にして、流れがかなりインターネット方面に傾いてきていることも感じる。一時期はテレビ収録がほとんどできなくなって、芸人の仕事は激減したものである。そんなときに、これまで懐疑《かいぎ》的だったひとたちもYouTubeでの活動を考えざるを得なくなった。

「俺もはじめたいんだけど、ちょっと相談していいかな」

という声を芸人仲間からいただくことも増えた。

これまでは、あれこれ言ってもテレビで競争に勝てなかったから、YouTubeに流れたんでしょ？　という見方が根強かったのは事実だと思う。が、それが明らかに変わった。テレビとは別のひとつの表現領域として、YouTubeの世界がいよいよ本格的に認知されてきたことを実感する。

トラブル続出のアパレル事業

『YouTube大学』とオンラインサロンを本格化させるちょっと前に、ぼくはアパレルブランドも立ち上げた。

これがぼくにとっては、別ジャンルでイチから仕事をすることの、おもしろさとたいへんさを痛感させてくれる得難《えがた》い経験となった。

『幸福洗脳』というふざけたブランド名を付け、Tシャツに1万円もの値段を付けて売り出す。ぼくとしては、「価値ってなに？」という問いかけを含んだ、壮大な実験をしてみたつもりである。

最初にネットショップを立ち上げ、そのあと乃木坂にリアルの店舗もつくって販売をした。ひとつひとつのことをすべて自分でチェックしながらやっていくのが、ハラハラもしたし楽しくもあった。うまくいかないことがあればテコ入れしてがんばってみる。すると結果がちゃんとついてくるということを知って、すこし世のなかのしくみを知れた気がした。

どんなジャンルでもそうなのだろうが、事業として立ち上げてみると、それはそれはトラブルの連続だった。もう笑ってしまうくらいに。

まずはそもそも、自分がいかになにもできないかを思い知らされた。オリジナルのTシャツを売ろうと決めたのに、そのTシャツひとつまともにつくれないのだ。

外部に発注すれば異様にコストがかかるとわかって、ならば自分で機械を動かし手刷りのものを売ってみた。でもそれだと思ったほどうまく刷れないし、枚数もあまりつくれない。

スタッフにやってみてもらうと、「あ、ミスしちゃいました。あ、また……」などと、あっという間に何枚もロスができた。これじゃとうてい注文を捌《さば》けない。発送が間に合わなくなるのは目に見えている。

そこで全自動の機械を導入しようと、そうした機械専門の販売店に足を運んでみた。愕然《がくぜん》とした。販売店のスタッフから勧められた機械がもう本当に巨大で、こんなのどこに置くのかというくらい。これを購入したら完全にTシャツ工場になってしまう。

それではなにかが違う、ぼくは物販をやりたいだけなのに……。

どうすればいいんだと思案して、結局のところ業者に発注するしかないではないかとの結論に達した。でもいざ業者に発注してみれば、またそこでイラストレーターのデータが不十分だとか、イラストが細か過ぎて印刷が滲《にじ》んでしまうとか、次から次へといろんなことが起こる。

リアルの店舗の内装も毎日入れ替えて、「こっちをもっと目立たせよう、こんな置き方だから売れないいんだ」などと喧々諤々《けんけんがくがく》の議論を繰り返した。あれもこれもとやることばかり、毎日がパニック状態。だけど心の底から笑えるし、やたらおもしろかった。

ドラクエだってレベル0からレベル15までが楽しいのであって、そのゲームのしくみがわかってくればあとは続けていてもだんだん作業になってくる。それと同じように、トラブル続出の立ち上げほどおもしろいものはないと知った。

「おもしろさ」とは多種多様だ

舞台やテレビカメラの前に立って大勢から歓声を浴びて……といういっけん派手な仕事から、Tシャツの発注から発送の心配までする地味な仕事とでは、落差が大きくて切り替えもうまくできないのでは？

いや、そこはまったく問題なかった。むしろすべてを人任せにせず、自分の裁量と知恵で乗り切っていく仕事のほうがドラマティックに感じたくらいだ。

しかも、だ。自分のつくったものを売るというのは、なんとも言えないやり甲斐《がい》と喜びに満ちている。注文が入ると「わあー、売れたっ！」となるし、さっそく送ろう、お礼状も一枚入れておくかなどと盛り上がる。

実店舗のほうも、バックヤードにいて店の様子をうかがっているとお客さんがやって来る。おお、本当にお客さん来るんだ！　とまずそこから感動できる。

「あー、ここだ！」「わあ、本当にあった」「店の写真撮っていいですか？」「これなんですか、新商品？」「うーん、じゃあそれ一枚ください」「いやあ名古屋から来た甲斐がありました、東京出張だったんで気になっていて」

などという会話を聞いて、ますます愛おしくなる。ぼくが店に立つと、いつもいると思われても困るのでしかたなく裏に回っていたが、もう危《あや》うく表へ飛び出していきたくなった。

おもしろいTシャツをつくり、おもしろい売り方をしているつもりだったから、それがテレビに出ることよりも地味な仕事だという意識は、本人的にはまったくなかったわけだ。

「おもしろい」とひと口に言っても、いろいろな種類があるものだ。そう気づけたのは幸せだった。

それに、Tシャツをつくって売るというのも、立派なひとつのコミュニケーションのかたちであるということも、はっきりと実感できた。ぼくはやっぱりあらゆる言語を使って、ひとに発信していくことが好きなんだとあらためて確認できた気がする。

Episode 14

インプットと
アウトプット

無茶するためのリスクヘッジ

テレビの世界からインターネットの世界へ。

ぼくの活動領域は近年ガラリと変わってきたわけだけど、破天荒《はてんこう》に後先考えず突き進んだわけじゃない。

自分の身に大きな変化をもたらすとなれば、先の見通せない不安がつきまとうわけで、そこへのリスクヘッジはきっちりした。

具体的には、新しく移った世界で2、3年まったく結果が出なくてもだいじょうぶなくらいの貯《たくわ》えは用意しておいた。

それがあるから踏み出せた面は、もちろんある。ひとつ失敗して計画が狂ったら、明日から路頭《ろとう》に迷うという状態で、無茶をできるかといったらそれは無理だ。少なくともぼくはそういう豪快な性格ではない。

それに、テレビの仕事もいきなりスパッとすべてを断ち切ったわけじゃない。かなり緩やかなグラデーションを描きながら徐々に減らしていった。

まずはほんの少しテレビの仕事から解放される時間をつくり、その空いた時間で新しいことをやってみる。具体的には最初は物販の仕事だったりしたのだが、それをがんばってやってみて、うまく結果が出たら、じゃあもうちょっとこれに時間が割けるようさらにテレビの仕事の時間を調整してみたりした。

そうしてだんだん仕事の中身が置き換わっていく。途上でつらかったのは、新しくはじめたことのほうがおもしろくなりすぎて、その仕事から離れるのが嫌になってしまったこと。

目の前のことにやたら集中してしまう性向が、ここでも顔を出してしまう。でもテレビの仕事はたくさんのひとと資本がかかわっているもので、融通や小回りが利《き》きにくい。アルバイトみたいに「来週辞めます」というわけにはいかない。

結局、区切りをつけられるのはだいたい半年後といった感じだった。

絶え間ないインプットが情熱となる

少しずつ仕事をシフトさせていった理由にはもうひとつ、「アウトプットの場をつねに確保しておきたい」という気持ちもあった。

思うにぼくはいつだって、アウトプットの場を欲してきた。そのルートをうまく確保できていないと、すごく不安になってしまう。

目の前のものに熱狂していき、その対象は次から次へと変わるというのがぼくの基本的な性向だし、いつもそうありたいと考えているが、そのためにはそのつどアウトプットしていくことがどうしても必要となる。

泳ぎ続けなければ酸素を取り入れられず死んでしまう回遊魚《かいゆうぎょ》のごとく、ぼくは動き続けていないと生きていけない。そのために欠かせぬものがアウトプットであり、そのための場やしくみはいつ何時《なんどき》でも持っていなければならないのだ。

アウトプットし続けるうえでは、それができる場を確保しておくこととともに、アウトプットと同等のインプットを続けることも重要だ。

これは当たり前といえば当たり前の話。物質にしろエネルギーにしろ、入ってくるものがあるから出ていくものがある。その量はほぼ同等でなければおかしい。つまりなにかを生み出し続けるには、同じくらいいつもなにかを取り込んでいなければ無理だ。

それでぼくは、意識的になにかしら摂取することを欠かさぬようにしてきた。

お笑いが好きになった高校生のころからデビューする前の大学生時代に至るまで、ぼくはお笑いのことを知るために膨大《ぼうだい》なインプットをした。高校時代には、新聞のラジオ・テレビ欄をチェックするのが日課だった。お笑い番組とバラエティ番組のすべてに丸をつけて、片《かた》っ端《ぱし》からVHSビデオに録画して、それらを全部観るという試みをしていた。

それだけでは収まらず、レンタルビデオ店も活用していた。渋谷TSUTAYAのお笑いDVDのコーナーへ行って、そこに並んでいるものすべてを借りて観た。おもしろいものを発見したら狂喜するし、借りたものの内容がハズレだった日は落ち込んだり……。とにかく吸収しまくっていた。

そうしたことがのちに芸人活動にどのように反映されたのか、本当に糧《かて》となりプラスになったのかどうかは検証しようもないけれど、少なくともそのインプット行為自体が、情熱の受け皿にはなっていたのだった。

6台のテレビモニターで全テレビ局をチェック

デビューして、自分がテレビに出演するようになってからも、テレビについての学びやインプットはずっと続けていた。

デビュー2、3年目のころ、テレビのロケでTBSアナウンサーの安住紳一郎さんとご一緒した。聞けば安住アナは家にテレビモニターを6台置いて、全局の番組をずっとモニタリングしているという。

驚いた。NHK、日テレ、TBS、フジ、テレ朝、テレ東とすべてを日々チェックしていそうだ。観る量が増えれば気づきが多くなっていい、勉強になるとさらりと言う。

一流のひとはここまでやるのか……。そのストイックさと熱意に憧《あこが》れた。

そこでぼくも真似《まね》することにした。部屋にテレビモニターを6台置いて、家にいるときはずっとつけっ放しにすることに。家に帰ると全局の番組をつねにチェックしている状態だ。これは研究だ、テレビの世界で売れる秘訣をここからつかむんだと意気込んだ。

続けていると、だれがどの番組に出ているか把握できてくる。それで現場でタレントや司会者の方と会ったときに、

「この前あの番組に出てましたね。おもしろかったです」

などとスッと言える。言われたほうは嫌な気がするわけもない。

「ああ、忙しいのによく観てくれているんだね」

出演者との会話が弾《はず》むようになった。

テレビ番組の「つくり」にも目がいくようになった。いくつもの番組を同時に流し

ているので、音声は基本的にオフにして複数の画面を眺めるのだけど、テレビとは音声がオフでも基本的には中身がわかるようにできているとよくわかった。

絵柄だけで物事が伝わるよう工夫されているし、ポイントの発言はすべてテロップになって出てくるのだ。番組はかなり丁寧《ていねい》につくられているのだなと、はっきり理解できた。

「これは研究であり、仕事上の投資だ」と信じて、全局の放送を観る習慣は10年近く続いた。効果のほどはともかく、テレビの世界に生きるならできるかぎりのことはしようと、真剣にテレビと向かい合っていた自分の気持ちは、本物だったといまも信じられる。

先輩に遊んでもらうのも「インプット」

インプットのために行動様式を大きく変えたことは、ほかにもあった。

人付き合いと住む場所を丸ごと入れ替えた時期があったのだ。

ぼくらオリエンタルラジオがデビュー直後からブレークを果たし、冠番組を持つまでに至ったもののその後に失速し、レギュラー番組のほとんどを失った時期もあったのは述べた。

そこから再び上昇気流に乗るとき、先んじたのは相方の藤森慎吾のほうだった。「チャラ男」キャラを前面に打ち出したのが当たって再ブレイクしたのだ。

もちろん喜ばしいことではあったけど、先を越された自分はどうする？　なんとかしなくちゃ……、というモヤモヤした気持ちは当然ながらあった。

そういうとき、あれこれ分析的な視点で周りを見回してしまうのがぼくの性向である。慎吾が再ブレイクした要因はなんだろう。どんな道筋がそこにあったんだろうか。

彼のそのころの言動を見ていくと、先輩とつるんで飲み会にしょっちゅう行っていたことに気づいた。

自分が売れなくなってくれば、気持ちも行動もどこか引っ込みがちになりそうなものだけど、慎吾はそうではなかった。いい具合に開き直って、付き合いの幅をより拡げるようになっていた。次長課長の河本《こうもと》準一さんだったり、タカアンドトシのトシさんだったり。そうした先輩芸人と、夜な夜なカラオケに行ったり飲んだりして遊んでいた。

芸人には面倒見のいいタイプのひとが多くて、河本さんやトシさんはまさにそういうひとたち。遊びながら、

「慎吾、こんなのやったらええやん」

などと、これからどうやって売り出していけばいいか、気にかけてもらったりアドバイスをもらったりしていたみたいだった。

なるほど、ぼくも先輩付き合いをもっと積極的にするべきかもしれない。そこには学びがたくさんありそうだ。そう考えて、ぼくはまず引越しをした。

そのころぼくは西新宿に住んでいた。仕事に出かけるにはたいへん便利な立地だが、問題は先輩付き合いをして遊ぶとなると少し不利なところ。派手な芸人さんたちが飲みに行くのは、六本木、西麻布、麻布十番といったあたりで、西新宿からは少し距離があるのだ。

これじゃ誘われづらいではないか。ということで、まずは六本木に住みはじめたのである。

そうしておいて、タカアンドトシのタカさんにアタックした。当時、タカアンドトシは『帰れま10』や『ほこ×たて』といった番組を抱えて大忙しだったけれど、仕事でしばしばご一緒した縁もあるので、「飲みに連れていってもらえませんか」といきなり声がけをしてみた。タカさんは繊細なひとなので最初は警戒されてしまったけれど、なんとか食いついて遊んでもらえるようになった。

そのつながりから、『帰れま10』をはじめ番組のスタッフにもぼくのキャラクターを見出してもらう機会ができた。そうして思いがけず番組出演にも結びついてしまった。

見出してもらえたぼくのキャラクターというのは、

「やたら口やかましく分析するが、それが正しかろうと正しくなかろうと、根性で結果責任をとってしまう」

というもの。

『帰れま10』は長らく続く人気バラエティ番組で、ある飲食店を出演者たちが訪れて、そこの人気メニューのランキングを当てていくというもの。順位をすべて言い当てるまで店を後にすることはできず、予想を外すたびに料理を一品一品たいらげなければならない。

そこでぼくが出演してとった役回りは、

「どう考えても論理的には、ピラフが絶対3位なんですよ！」

などと主張し、

「みなさん、全然わかってない！」

と煽《あお》る。そこまで言うならハズレたら全部自分で食べる？　と振られて自信満々に応じるのだけど、案《あん》の定《じょう》ハズしてしまう。それでも本当に全部ひとりで食べ切ってしまったりする。

インテリなのに体を張れるのか……。ガッツあるんだ、おもしろいじゃん。そんな位置どりだ。それまで同じようなスタンスをとったタレントはいなかったから、スタッフにも視聴者にも喜んでもらえたみたいだ。

先行する「チャラ男」の慎吾に追いつけ追い越せで、そこからぼくもテレビの仕事を増やしていくことができた。

先輩に飲みに連れていってもらう。これもぼくなりの重要なインプットだったわけである。わざわざ引越して、無理に先輩をくどき落として付き合ってもらう。そこまでしても得るものがきっとあると考えたのである。

仮説は大当たりとなった。芸人の仕事は、ひとり鬱々と「どうしたらいいか、おもしろくなるか」と考えても、埒《らち》の明《あ》かないところがあるのだ。

ネタをつくるだけなら自分のクリエイティビティを存分に発揮し、ひとりでなんとかなるかもしれない。だがテレビ番組でキャラをどう立たせるかということになると、周りにどう扱ってもらうかが結局はものをいう。他者に上手に頼ることの重要性を思い知らされた気分だった。

Episode 15

良書には「知識」「思想」「感情」のすべてがある

読書は質、量ともに最高のインプット

アウトプットし続けられる自分でありたい。そのアウトプットによって自分の、そしてできれば周りも含めた熱狂の渦を巻き起こし続けていたい。

そう思い続けているぼくが気をつけているのは、インプットの質と量。前に述べたように、良いインプットあってこそ充実のアウトプットがあると信じているからだ。

お笑いに打ち込んできた時期には、テレビのバラエティやお笑い番組を片《かた》っ端《ぱし》から観て、芸人のネタも浴びるように観てきた。

YouTubeチャンネル『YouTube大学』やオンラインサロンをはじめてからのぼくは、インプットの質と量を担保するのに、もっぱら本を用いるようになっていった。

YouTubeで本をそのまま紹介することが多いわけだから当然なのだけど、読む本の量はといえばこのところかなりのものだ。だいたい2日1冊のペースである。ページの最初から最後までじっくり精読するのが2日1冊という意味で、それ以前に取り

上げる本を選ぶ時点で何冊かざっと目を通し、加えて選定した本の内容の周辺知識を補強するためにさらに何冊か拾い読みしたりもするので、総量とすればそうとうになる。

つらい？　いやそんなことはない。自分にとって満足のいく、質の高いアウトプットを実現するためには、是《ぜ》が非《ひ》でも同等のインプットが必要なのだから、YouTubeやサロンの活動を維持して質を高めていくためには、本のページをめくる手を止めるわけにはいかない。

それになにより、本はやっぱりおもしろい。このペースで読むようになって、いっそう感じるようになってきた。

もともとぼくは、さほど特別な読書家というわけではなかった。以前から流行《はや》りの小説や話題の新書、ビジネス本くらいは気になれば目を通していたけれど、言ってもその程度である。読むのが好きというよりも、実用として必要な知識を得るために読むというのが、基本的なスタンスだった。

たとえば中学生時代には、職業に関する本を熱心に読み漁《あさ》ったことがあった。

弁護士という職業はよく耳にするし、大人は判で押したように「勉強ができるなら法学部へ行って弁護士になるといい」みたいなことを言う。実態はどうなんだとあるとき調べたくなった。

本にあたってみると、司法試験に受かるとなれるのか、でも弁護士以外にも裁判官と検事があるんだ、などと知ることになる。さらに裁判官と検事について調べると、そうかそのひとたちもつまりは官僚なのだとわかる。ということは、東大はいかに官僚養成所の色合いが濃いところなのかということもはっきりとしてくる。

じゃあなんでみんな官僚になりたがるんだろうと思って、さらに調べてみる。なるほど官僚にもいろんな仕事があって、中心にはいつも財務省があるのかと知れる。だったら勉強で勝負するとしたら財務省に行って、そこのトップを目指すというのが王道だな……と考えが進む。

このように、なにかを深く考えていくための道具というか補助器具として、ぼくは本を使っていたのだった。

ぼくの偏見を覆した文豪・安部公房

当時は小説もちょくちょく読んでいた。

よく覚えているのは、安部公房の小説『壁』だ。確か高校の現代文の教師に勧められたのだ。安部公房は昭和期の日本を代表する文豪で、ノーベル文学賞の有力候補のひとりだったらしい。

『壁』はずいぶん不思議な話だった。主人公が理由もなく名前を失ってしまい、それにつれて存在権すら奪われていろんな罪を着せられていく。しまいには自分が壁になってしまうというあまりに荒唐無稽《こうとうむけい》な展開で、

「え、こんな自由に書いちゃっていいの？」

と新鮮に思えた。

それまでの小説の印象といえば、やたら主人公がウジウジ悩み続けているものというものだったから、イメージが刷新《さっしん》された。村上春樹作品も好きで読んではいたのだ

けれど、彼の基本のテーマである「喪失感」みたいなものは若い当時はまだリアルに捉えられなかった。それよりもパスタを茹《ゆ》でるシーンだとか、ソファの買い方についてウンチクを傾けているようなところのほうに、ずっとおもしろ味を感じていた。そのあたりはぼくの好みがはっきり出ている。

ゴチャゴチャ悩んでいるだけではどうしようもない、そんな時間があったらなにか新しいことを考えたり好きなことをしたり、具体的な行動に移すべきだろう……。ぼく自身がそうありたいと思う理想の姿を、小説作品のなかに見たいという欲望が強かったのだろうと思う。

若さゆえか、自分の気持ちを色濃く投影させながらでないと読書ができなかったわけだ。

当時は、自分が特別な人間でありたいという思春期特有の思いも強くあった。それで、ちっともありふれていない、ぶっ飛んだストーリーを展開させる安部公房の小説が、よく響いたのだろう。

「当たり」本のインパクト

いま『YouTube大学』で紹介している本は、すべてが自分の内的な動機から手に取るものというわけにはいかない。それでもどの本にも「見どころ・読みどころ」はきっとあるということは、読書を重ねれば重ねるほど、よくわかるようになってきた。

おもしろい本の共通点も、なんとなく見えてきた気がする。

それはまず、「ああ、そうなんだ」と知らない知識を教えてくれるところがあること。そして「なるほど」と新しい考え方を提示して驚かせてくれる面があること。さらには、「わかるなあ……」と思わず共感してしまうようなエモーショナルな部分がしっかり描かれていること。それらの要素がどれも満たされている本は、きっとおもしろいとわかってきた。

知識、思想、感情という3つを一挙にインプットできるというのは、考えてみればすごいこと。いい本に当たるというのは、これ以上なくお得な体験だ。

「当たり」の本から充実したインプットができると、自分のアウトプットにも間違いなくいい効果が期待できる。というのも、ぼくらはまさに「当たりの本」がもたらしてくれるようなアウトプットがしたいと思っているからだ。

知識、思想、感情。この3つを綯《な》い交ぜにして一挙に伝えられれば、相手に「そうなんだ」「なるほど」「わかる、わかるよ！」という体験をすべて届けることができる。それが実現できたら、最高のアウトプットといえるではないか。

本を大量に読むことによってぼくは、最良のアウトプットとはどういうものかを実地に学ぶことができたのである。

『古事記』の底知れなさ

『YouTube大学』で紹介した本のなかから、ぼく自身がとくに深い感銘《かんめい》を受けたものを挙げるとすれば、まずは『古事記』である。

学校の授業でそのタイトルは聞いただろうし、これを伝承したのが稗田阿礼《ひえだのあれ》だったというところまで覚えさせられた記憶のあるひとも多いと思う。ただ、その中身を読んでみたことのあるひとはどれほどいるか。ほとんどいないだろう。ぼくだって『YouTube大学』をやっていなかったら、これを読むことはなかったはず。なんとももったいないことである。

『古事記』とはつまり、日本の神話集だ。これがもう単純にエピソードとしておもしろい。話の内容や展開は、現代を生きる私たちからすれば、かなりむちゃくちゃである。え、ここでそんなことする？　そっちに話が展開するの？　といった驚きの連続。大昔の話ゆえ、常識がかけ離れているのだ。

物語として読むのなら、それくらい荒唐無稽なほうがおもしろい。現代には、理路整然とした話なら溢《あふ》れ返っている。意味はよく通じるが、心になかなか残らない話はもうたくさん。せっかく古典を読むのだ、ここは破綻《はたん》だらけの話の妙味《みょうみ》を楽しみたい。

『因幡《いなば》の白兎《しろうさぎ》』という物語の名には、聞き覚えがある向きも多いだろう。この昔話も出典は『古事記』である。この因幡の白兎がまたズルくて、可愛くて、滑稽だ。そういうのが「ありがたい古典」として読み継がれてきたのだから、なかなか不思議なものである。

ほかのお話では、日本のいわゆる偉い神様たちが続々と登場する。たとえばスサノオなんて、かなり強烈なキャラクターだ。読んでいるこちらが引いてしまうほどの暴れん坊で、言動はやりたい放題。それがアマテラス、ツクヨミと並ぶ神々の頂点にいるというのだからすごい。

しかも、だ。このアマテラス、スサノオ、ツクヨミの三神は、ギリシア神話でいうゼウス、ポセイドン、ハデスという神々とキャラクターが酷似している。アマテラスとゼウスは最高神で、その身内であるところのスサノオとポセイドンはともに海の神。ツクヨミは月と闇の神でハデスは死と冥界《めいかい》の神。太陽、海、月の三すくみ状態が日本とギリシアの神話でまったく同じというのは、ひとの考えることは地域や時代を超えて根本は変わらないことを示しているだろうか。

ただし日本の神話のほうでは、アマテラスが女性である。最高神が女性という特徴はどこから来たのかなどと考えていくと、お話としても歴史としてもたいへん興味深く感じられてくる。

ストーリーにのせてなんらかの物事を伝え、受け継いでいくということの原点が、古典にはある。『古事記』に宿る力を借りながら、ぼくもいっそういい動画をつくっていけたらと意を新たにした。古典から学ぶべきことは本当に多い。

『源氏物語』の現代性

古典ということでいえば、これも『YouTube大学』で取り上げたもので、『源氏物語』も予想以上におもしろかった。古典の授業なんかで出合ってそれっきりというパターンが多いだろうから、あまりいい印象がないままというひともいるだろう。それはやはりもったいない。

あの作品はもともと、紫式部が周囲のひとを楽しませるために書いていたもので、いわばラブコメである。それが評判となり、ひとの知るところとなって、姫君のために書き続けてほしいというヘッドハンティングの話が舞い込んだ。それでさらに書き継がれていったものだという。

いわば平安時代の「見出された連載小説」。現代でいえばさしずめ、SNSで漫画をアップしていたら注目され、商業誌に引っ張られてそのまま大ヒット連作にまでなったようなものだ。

ラブだけじゃなくて、リアルな出世バトルの要素もたっぷり盛り込んであるから、半沢直樹のような雰囲気もあり、男ウケもいいと思う。ただし、クライマックスのバトルが「絵合わせ」で行われるところなど、さすが雅《みやび》な平安貴族らしくて時代を感じさせる。

当時の知識や情報、人々の考え方、そして登場人物たちの抱いた感情を、手に取るようにして味わえる。そういう要素をすべて兼ね備えていれば、千年も読み継がれるものにもなるのだと思えば、ぼくらがコンテンツをつくるうえでも『源氏物語』は大いに指針となり目標となってくれるものなのである。

『マクベス』『仮面の告白』のエンタメ性

時代の荒波に耐《た》えて生き残ってきた古典作品は、時を超えて単に情報を伝えるというだけでなく、ひとを楽しませるエンターテインメントとして圧倒的に秀逸な出来栄えになっている。ひとを楽しませる術《すべ》と方策が、完璧《かんぺき》に仕込まれているのだ。

それは『古事記』や『源氏物語』と並んで、シェイクスピアの作品からもはっきりと感じ取ることができた。

とりわけ『マクベス』だ。構成がすばらしくうまい。冒頭でマクベスに対して魔女が3つの予言をする。急に現れた怪しい人物だから信用しなくていいじゃないかとも思うが、1つめの予言が即座《そくざ》に当たって、彼女を信じざるを得ない状況が訪れる。

すると2つめの予言も当たるに違いないとなり、マクベスはみずから予言に取り憑《つ》かれ近付いていってしまう。そこでさて3つめの予言が当たるや否《いな》や。物語はクライマックスへ向けて怒濤《どとう》のごとく流れていく。

あらゆるサスペンスもの、推理もの、謎解きの源流がここに詰まっていると言っていい。時を経ても残るものの凄《すご》みは、やはり一度は実際に味わったほうがいい。何百年も昔のものだと、さすがに時代設定的にピンとこない……。というひともいるかもしれない。そんなときは、そこまで時代を遡《さかのぼ》らずとも、名作の凄みを味わえるものでどうか。

たとえば、遡るのは昭和くらいまでにして、三島由紀夫である。その小説『仮面の告白』は『YouTube大学』でも以前に取り上げた。ゲイの青年を主人公とした話なのだけど、時代的にはまだそういう性指向が理解されておらず、彼は悩みを内側に抱え込んでいく。

彼に惹《ひ》かれる女性が園子だった。ふたりはすれ違いを重ねながら、最後の邂逅《かいこう》としてミルクホール（当時の軽食店の総称）へ出向いた。帰る時間が迫る。今日こそ自分への気持ちを聞きたい園子だったが、彼のほうはといえば、たまたまそこに居合わせた好みのマッチョな男性に目がいって、気もそぞろだ。

ラストシーンは、卓の上にこぼれているなにかの飲物が、ギラギラ反射しているさまを描写して終わっている。彼のやり場のない欲望を象徴するようなものがポツリと提示される物語の閉じ方が切なくて、強烈で、たまらない。感情の揺れを文章にのせて描き出す表現力が、三島はずば抜けているのだ。

ひとになにかを伝える手段や方法は、工夫次第《しだい》で無限にあるものだ。ひととつながるコミュニケーションの在り方もまた多様にある。そういうことをぼくは、古典に触れることでいつも感じ取っている。

『古事記』の作者や紫式部にシェイクスピア、三島由紀夫らの表現力たるやすごいものがあって、だからこそ彼らの作物は古典として生き続けている。でも思えば、彼らもまた言葉の力を信じ、それをフルに活《い》かすことで傑作を生み出したのだ。

大きなくくりでいえば、ぼくがやろうとしているのも彼ら先達と同じことだ。言葉の力を利用してインプットとアウトプットを繰り返し、少しでもたくさんのひとの深いところまで言葉を届けられたらと、日々発信している。発信場所は舞台だったりテレビだったりネット動画だったりと移ろってきたけれど、やりたいことはといえば、なんら変わっていないのである。

Episode 16

絶対勝者なんて存在しない

オンラインサロンの化学反応

やりたいことがどんどん移り変わるぼくが、このところもっとも力を注いでいるのはオンラインサロン『PROGRESS』だ。そこはいわば終わらない学校、ネバーエンディングスクールだというのは先にも述べた。

職場とか学校とか住んでいる地域、そういったものを超えて、だれもが気軽に集って楽しめる場があればと思ってサロンをつくった。この考え方は、ほかのサロンを運営しているひととそう大きく変わらないだろう。それぞれが、自由で居心地のいい場を築こうと創意工夫を凝《こ》らしているのだと思う。

サロンのメンバーは2020年の夏には3000人を突破して、これからまだまだたくさんの仲間がかかわってくれるだろうと楽しみにしている。

サロンメンバーのひとたちとぼくの関係は、考えると不思議なものだ。

彼らのなかには、ぼくの話をいつも聴けるからと入ってくれたひともいれば、とにかく仲間が欲しいというひともいるし、なんだか最近はこの界隈《かいわい》が賑わっていて楽しそうだからというひとだっている。動機は千差万別で、ひとりひとりの属性やタイプもバラバラだ。

そこがおもしろいなとぼくは思う。いろいろなひとがなぜか集っている。その状態がすでに興味深いし、だからこそ思いがけない化学反応だってすぐに起こる。

みんながなにかに取り組んで熱い意見を寄せてくれたり、なにかといえば一緒に笑ってもくれる。こんなにありがたいことはない。

YouTubeとオンラインサロンに明け暮れる日々

思う存分どうぞやってください。そう言ってもらえている気がするから、ぼくはぼくの熱狂を、遠慮なくサロンのメンバーにぶつけられる。だからぼくとしたっていくらでも、サロンのために時間も精力も費《つい》やそうという気持ちになる。

実際のところ、ぼくの1日の時間の大半は、このところサロンに関係することと、その大事なコンテンツのひとつでもある動画づくりに充てられている。

基本的なタイムスケジュールを簡単にたどってみる。

まず朝は、6時〜7時のあいだに目を覚ます。起きたらすぐに、オンラインサロンで毎日やっている「朝の会」の準備に取りかかる。

そして9時になると、朝の会の生配信をはじめる。

オンラインでこちらの顔をメンバーに見せながら、現在のサロンの活動状況がどうなっているかを確認しあうための会だ。クラス分けされているそれぞれのグループの状況を報告し合い、おもしろい活動をしているひとをピックアップして紹介したりもする。

ぼくとしては、オンラインサロン全体を隈なく見渡していく機会としてこれを活用している。あちこち見て回って、気づいたこと、がんばっているひとを探してメモをとりまくり、ぼくなりの考察を加えてメンバーに伝える。

朝の会を終えたら、スタッフと電話などでのやりとりをひととおり。いろんな仕事の進捗《しんちょく》を確認していると、たいていいつもお昼近くになっている。

ここですこし仮眠をとることもあるけれど、いずれにせよ12時半には「よしやるか！」と自分に気合いを入れて本を読みはじめるのだ。その日に収録する『YouTube大学』のコンテンツの題材となる本である。

そこから夕方までは、ひたすら本を読み込んでいく。アンダーラインを引いて、ノートをとり、アンダーライン、ノート……。静まり返った環境のなか、ひとり黙々と繰り返すのみ。

17時半あたりになると、さあ準備しなくちゃ、とホワイトボードを書きはじめる。今日話すことをそこにすべてまとめておくのだ。丁寧に書くのでそれだけでも1時間ほどはかかる。

19時にZoomを立ち上げ、照明などのセッティングをして、いざ動画収録の開始となる。

サロン向けには生配信をしているので、開始する旨《むね》をメンバーに通知するとみんながザザァッとZoomに入ってくる。そこから1時間から1時間半ほど、ノンストップで収録。無事に終えたら、今度はセットをチェンジする。『YouTube大学』とはべつに、もう少しゆったりとした内容のセカンドチャンネルもYouTubeで毎日配信していて、そちらの収録がある。それが終わるとサードチャンネルの収録ために英会話をDMM英会話の講師とオンラインで会話。

すべてを終えるともう22時半を回っている。シャワーを浴びたら、オンラインサロンメンバーが夜の配信をあれこれしているので、それを見ながら寝室へ入る。

これが「オンの日」、つまり『YouTube大学』の収録がある日のだいたいの日課だ。ほとんどサロンをチェックしているか本を読んでいるか、あとは収録しているか……。それだけで1日が埋まっている。

じゃあ収録のない「オフの日」はどうかといえば、結局ほとんど同じ。オンラインサロン自体にオフという概念はないので、朝の会などは変わらずにある。

本を読む時間が空くとはいえ、その時間で明日やその先にどんなテーマでコンテンツをつくるか、どの本を取り上げるかを決めなくてはいけない。

候補になる本を探しに出たり、ダウンロードして拾い読みしてみたり。本を決めたら、明日だけで読み切るのはちょっとたいへんだぞというハードなものだったら、ざっくりと目を通しておいて全体の流れだけでも頭に入れておく。

要は準備に時間を費やしているということ。われながらなかなか一生懸命だ。とはいえとりたてて苦にもならないし、いいペースで毎日が楽しく過ぎていく。サロンという最高の遊び場を手にしてしまったのだから、それに熱中するのはごくふつうのことである。

ぼくはあと数年で40歳を迎える。そのときの自分の立ち位置を、20代や30代のときには想像もつかなかったところにしておけたら最高だ。いくつになっても、自分の熱情の赴《おもむ》くままに動いていけたらいいし、その延長線上に仲間への支援や社会貢献があると最高だ。そういう自分になれるよう心から願っているし、そのために行動していきたいと思う。

強くて優しいひとになる

ぼくがサロンにどっぷり浸《つ》かっているのと同じように、サロンメンバーのなかにもこのサロンという場を大事に思ったり、頼りにしたり、心の拠《よ》りどころにしたりしてくれるひとはたくさんいる。これはうれしいかぎり。

そうなると必然に、サロンメンバーから、かなり真剣な相談や意見を直接受けることも出てくる。そういうときにどんな対応をしているのか。

ぼくの座右《ざゆう》の銘《めい》のひとつに「まだやれることはある」というのがあるのは先にも述べた。まずはこれをいまいちど提示してみることはよくする。

この考えはかなりオールマイティだと思う。本当にどんな状況でも、けっこうまだやれることはあったりする。なので思いついたことをノートに書いてみてください、それを全部やってみてください、とアドバイスしてみることは多い。

ただし、気をつけたいと思っていることがひとつ。あまりにも「できる」「やれる」

「もっとがんばれ！」と、発破《はっぱ》をかけすぎないようにということ。

なにかを成し遂げるとか、成功するとか、そういうわかりやすい成果を、必ずしもだれもが手にしなくたっていいとつねに思っている。

相談してくれた悩みにしたって、絶対に解決しなくちゃいけないとか、答えが見つからないといけないということでもない気がする。

相談を受けたぼくができることは、答えが出せるときは全力で出したいし提示したいが、そうじゃないときは、どれだけ共感してあげられるか。それが大事なのだろうと思っている。

だれもがいつもそんなにうまくいっているわけじゃない。立ち止まったり戸惑ったりしているのはあなただけじゃない、だからだいじょうぶ、それほど心配しなくたっていい。そう言って寄り添うことができたらいい。

そんなときはできるだけ、ぼく自身もよく傷ついていること、苛立つこともいろいろある、うまくいかないことがこんなにたくさんあるというのを、正直に伝えようともしている。ひとの弱い姿を見せるのが、なにより勇気づけられる行為なのかもしれないから。

そもそも、この世のどこにも「絶対勝者」みたいな存在などいないのだ。羽振《はぶ》りがよさそうなひとでも、けっこう実はひどい目に遭《あ》っていたり、苦しんだりしているもの。

それを知ることで、ほっと息をつけるひとも多いかもしれない。

「こうすればいいよ」「これやってみたら？」と言われても、いやもう立ち上がれないんだよ……という状況のひとだっているだろう。そういうひとには、

「いや、そのままでいいんじゃない？」

と言いたい。基本的には生きていさえすればだいじょうぶ、と伝えたい。

ぼくのサロンは、そういう救いが感じられる場でありたいと思う。そのためには、きちんと相手の状況を見極める目を、ぼく自身がもっともっと磨いていく必要もある。

サロンのしくみとしても、「ただ、いてくれればだいじょうぶ」ということと、存在を承認してくれる場所であるということを、もっと打ち出せたらと考えている。そういう場はますます必要になってきている気がするからだ。

とかく生産性の高い人間が賞賛《しょうさん》されたり、結果を出しているひとばかりが大きい顔をできたりする風潮が強まっていきがちな昨今である。でも弱い立場のひと、心細いひと、生産性礼賛《らいさん》のような考えに馴染《なじ》まないひとだって、安心して存在していいに決まっている。

ぼくはひととして強くありたいとは思うけれど、同時に優しくなければいけないとも肝《きも》に銘じておきたい。「強くて優しいひとになる」ということをいつも意識している。強いひとも弱いひとも、優しいひともそうでないひとも、当たり前のように一緒に居られる場。それがぼくらのオンラインサロンだと言えるようになりたいものだ。

細部のこだわりが居心地のよさを生む

ぼくは2019年にYouTubeをはじめた。ユーチューバーとしてはかなりの後発組だ。

オンラインサロンをはじめたのは２０１８年。こちらも、先駆けたひとたちの一群には入っていない。そのジャンルを築く一員だったことはなく、あくまでも出来あがった世界のなかに新規参入する立場である。

そこで埋もれぬためにはどうしたらいいか？　なんらかの独自の手を打っていかなければならないだろうと思ったし、いまもそう考え続けている。

自分の流儀を打ち出していかないといけないが、そこに無理があってもよくない。もっともやりやすいかたちを独自に編み出して、それを続けていくのが大事だろうと思った。

それでいまあるかたちの『YouTube 大学』やオンラインサロンへと落ち着いていった。自分の居心地のよさを最優先してきた結果がこれである。

独自のこだわりといえば、たとえば小さいことではあるけれど、『YouTube 大学』でいつも画面に掲げているホワイトボード。ぼくはそこに概要をあらかじめ書いておいて、背景として映し出しながら話を進めるかたちをとっている。

試行錯誤の末に、そうすることになっていった。動画を観る側の視点からいえば、単に字を書くのを見せられる時間なんて退屈だろうから、やはりあらかじめ書いておいたほうがいい。いつでも要点を確認できて、話がより頭に入りやすくもなる。そしてなによりこのボード、長い時間ひとりでしゃべり続けているぼくの「カンペ」代わりにもなってくれて、強い味方なのである。

アドリブは準備の果てにある

そういう自分なりの「型」は、日々コンテンツをつくりながら、改善点にも目を配りチェックを怠《おこた》らず、こまめにアップデートして少しずつ築いていくしかない。

YouTubeという場は、日々コンテンツを手軽にアップすることができ、反響もダイレクトに得られるという特長がある。改善を重ねてクオリティを上げていくやり方はきっと向いているし、有効だろうと思う。

ホワイトボードの存在や、先に示した1日のタイムスケジュールからもよくわかるように、ぼくはどちらかといえば、何事もじっくり突き詰めておきたい。アドリブは、入念な準備のうえでしか存在しない。

アドリブというと、なにも準備をしないことだと勘違いしているひとが多いように思う。

就職活動をしていて今日は面接を受けるというときに、相手企業のことをなにも調べず挑み、

「自分の瞬発力と人間力、つまりはアドリブで勝負！」

というひとが、うまくいくとはとうてい思えないのだ。準備不足を棚に上げて、その場のノリと雰囲気を大切にしたいというのは、言い訳にすらならない。

土台となる徹底した準備がないかぎり、アドリブが発揮されるなんてことはあり得ないと思う。ジャズセッションのアドリブは、すでに高度な技術やセンスを身につけた一流のミュージシャン同士が、音楽的基礎や互いに通ずる暗黙のルールを踏まえたうえでやっているもの。役者の演技におけるアドリブだって、台本のセリフは当然すべていったん覚えて、そのシーンの演出の方法や特性まですべてわかった末にやるも

のだ。

YouTube大学でのアドリブは、徹底的に読書をして、ノートにまとめ、ホワイトボードを書いたからこそ溢《あふ》れ出てくるのだ。

YouTubeやオンラインサロンでコンテンツを提供する者の責務として、自分のできるかぎりを尽くして、きちんとしたものをつねに届けたいとぼくは思っている。コンテンツづくりでアドリブだけに頼るということは一切考えられない。

時間内にできたものが実力

YouTube、オンラインサロンとも、ぼくを中心にかぎられた人員で運営にあたっている。手の回らぬところもあれば、本来ならもっとクオリティを上げたいところを涙を呑んでいることだってある。

『YouTube大学』をつくるときも、リサーチとファクトチェックはミニマムにしかできないので、勘どころをいかに押さえて最小の労力で最大の効果を得るかを追求してきた。

取り上げる本を決めたら、すぐにぼくはスタッフに書影と刊行元の連絡先を送る。ぼくが読んだり勉強したりしているあいだに、スタッフが先方に紹介の許可をとるためだ。

学んだ内容をぼくがホワイトボードにまとめながら、スタッフには「こんな内容なんだよ」と説明をしておく。書き終えればすぐに収録。長回しの一発撮りだ。細切れに撮って編集をして……というプロセスを経る余裕は、時間的にもマンパワー的にもない。生産ラインとしてもぼくらの体制はミニマムなのである。

巨大な生産ラインを有しているテレビ番組の現場を思い出して、ときどきうらやましく感じることもある。が、そこは言っても詮無《せんな》いことである。「まだやれることはある」の精神で、手の届く範囲のことを精一杯やらねばと、すぐに考え直す。

日々コンテンツをつくっていれば、「今日はだめだった、出来がよくない……」と思うこともある。ただ不思議なのは、そういうときに視聴回数が伸びたりする場合もあるということ。

もっと精進するしかない。同時に、あまり考えすぎないことも大事だ。継続的にコンテンツを出していると、そのとき時間内にできたものが実力だという割り切りもときに必要となってくる。これは長く物事を続けるうえでのひとつのコツだ。納得のいくクオリティに達していないからといってなかなかひとに見せようとしないパターンをよく見かけるが、それでは物事が前に進まない。

納得のいく餃子ができないからと、月に一度くらいしか開店しない中華屋では、いくらおいしいものを出すといってもなかなか通えない。味に多少のムラがあっても、毎日そこそこおいしい餃子を出してくれるほうが、サービスとしてはありがたいのだ。

数字は数字でしかない

継続してコンテンツを出していくのは大前提。そのうえで、少ない人員とはいえできるかぎりのクオリティを追求する。それをずっと続けていくのは骨が折れることは確か。ぼくがなぜそこまでやるのかと問われたら、どう答えればいいだろう。

もうここまできたらやるしかない。それが本心だ。

いま、YouTubeもオンラインサロンも、観てくれたり参加してくれたりするひとの数はかなりのものになった。順調に数字は伸びている。

あえて今年度の数字としての目標をいえば、『YouTube大学』のチャンネル登録者数300万人、オンラインサロンメンバー1万人という域にまず達したい。そこまでいくとさらに注目度や影響力は上がってくる。それが夢ではなく手の届く状況にあるのだから、手を抜く理由はないだろう。

ぼくは、生きていくことは大きなゲームをしているようなものだと捉えている。YouTubeやサロンのことだって、ひとつのゲームと見なせば、いまはすごくいい場面に差しかかっている。

この状態で先頭に近いほうを走り続けて、数年経ったらとんでもないスコアを叩き出せるかもしれない。そうなればまた、見える景色もガラリと変わってくるのではないか。思いもよらないものが見えてくる可能性だってある。

この社会やぼくらの生き方を変える地図を、いち早く目にすることだって、ひょっとしたらあり得る。そんな可能性があるなら、自分を鼓舞《こぶ》してもうひとっ走りしよう。

とはいえ数字は数字でしかない。楽しむためにそれはあるのであって、幸福とは関係がないということを忘れてはいけない。

Episode 17

座右の書

渋沢栄一『論語と算盤』

先に記したようなぼくのこのところの生活と仕事の方法は、すこぶる楽しい。いろんな出会いがあるし、新しいこともたくさん知れる。

朝に道を聞かば、夕べに死すとも可なり

という孔子の言葉がある。国語の授業で聞き覚えがあるかもしれないけど、朝のうちに生き方の道理を知り悟《さと》ることができれば、その日のうちに死んだとて後悔はないという意。

この言葉を深く噛《か》み締《し》め、まったくその通りだなと思えるような心境になることもある。

そうした「知」との幸福な出合いの例を挙げておこう。

『YouTube 大学』でも取り上げて、衝撃を受け、いまではぼくの座右《ざゆう》の書となっているのは、実業家・渋沢栄一の『論語と算盤《そろばん》』である。

いま、世のなかにはビジネス書というものが溢《あふ》れ返っている。一読、なるほどと膝《ひざ》を打つものもたくさんあるが、そのなかでもこれは最高の学びをもたらしてくれる1冊だ。

この本のなかで渋沢が強調しているのは、商売をやるには道徳心が必要だということ。

『論語と算盤』というタイトルは、論語が道徳を指し、算盤がビジネス感覚のことを言っている。ひとがなにかを成すにはこの双方が必要となる。現代人にとっては、算盤だけじゃダメで論語も必要なのかと目からウロコが落ちる思いだし、渋沢が生まれた江戸時代（彼が活躍したのは明治時代）のひとには、算盤がそんなに重要になっていくということが驚きだったことだろう。

渋沢が大切にしたメッセージは、論語と算盤の両者は、つねに一体であるというところ。どちらか一方では意味を為《な》さないというのだ。

「みんなのためになにかをしたいけれど、お金がありません」というひとか、「お金を持っているけれど、みんなのためになにかをしたいとは思わず自分のためにすべて使いたい」というひと、その二極化になってしまっては、社会が回っていかない。

強さと優しさを兼ね備えるように、お金をつくれるひとがそのお金をみんなのために使う世のなかにならなければならない。

2024年度から1万円札の「顔」に採用される渋沢栄一は、そう説くのだ。『論語と算盤』には、論を進めるための実例としてさまざまな人物とその言葉が出てくる。このチョイスがまたぼくの好みである。

徳川家康の遺言にあたる「神君遺訓《しんくんいくん》」というものがあって、渋沢はこれを本書で引いている。


人の一生は重荷を負うて遠き道を行くがごとし。急ぐべからず。

不自由を常と思えば不足なし。こころに望みおこらば困窮したる時を思い出すべし。

堪忍は無事長久の基、いかりは敵と思え。

勝つ事ばかり知りて、負くること知らざれば害その身にいたる。

おのれを責めて人をせむるな。及ばざるは過ぎたるよりまされり。

また、蟹穴《かにあな》主義という言葉も『論語と算盤』には出てくる。

蟹は自分の住処《すみか》として自分の殻《から》の大きさにしか穴を掘らない。つまりは自分の身の丈に合ったテリトリーを定めてがんばれということのたとえだ。

これはノ貫《へちかん》の言葉から引用されている。千利休《せんのりきゅう》の兄弟子だ。千利休という侘茶《わびちゃ》の大成者に対して、おまえ最近、出世にとらわれていないかとたしなめたのがノ貫だった。豊臣秀吉が催した、北野大茶会という世紀の大茶会がかつてあった。そこに喚《よ》ばれたノ貫は、秀吉にごく薄い茶を供する。「こんなに大勢でお茶会なんてやるもんじゃないですよ。何杯も飲んで疲れたでしょう」との意を込めたのである。

秀吉は「今日のナンバーワンはおまえだ」とノ貫に向かって言ったのだとか。

呑み込まれるな。身の程のことをせよ。そう言って、実践したのがノ貫だったのだ。

青年には人格を磨くことを説き、大人には利潤と道徳を調和させる重要性に気づかせ、日本社会の礎《いしずえ》を築いた渋沢栄一の『論語と算盤』には、ぼくの好きなひとや言葉が満載されている。ぼくはことあるごとにこの教えを思い出すようにしている。

サイモン・シン『フェルマーの最終定理』

もう1冊挙げるならば、サイモン・シンの『フェルマーの最終定理』も最高にエキサイティングだ。冒頭の描写があまりにも、あまりにも美しい。アンドリュー・ワイルズなる数学者が、「フェルマーの最終定理」を解き終えるところから書き起こされていくのだ。それを公表し、スタンディングオベーションを受けるのだが、そこに至るまでにはどんな歴史があったかということで、数学の歴史がひもとかれていく。

ピタゴラスにはじまり、17世紀フランスの変人数学者フェルマー、そのフェルマーの遺志を引き継いだ盲目の天才オイラー、数学の王ガウス……。コンピューターの時代に入ってアラン・チューリングなども登場し、それでもフェルマーの定理は証明不可能と思われていたところ、戦後に日本の若きふたりの数学者が斬新な理論を発見。

その理論がフェルマーの最終定理につながるのではとしたインドの数学者の発表を受けて、ついにアンドリュー・ワイルズが立ち上がる。彼は幼少期に図書館でフェルマーの最終定理を知って、これはぼくが解くべきものだと直感し、これを解くためだけにすべての数学を学んだ。

彼の努力は実を結び、いよいよフェルマーの最終定理の解法を説く場に立つこととなって、それが本書の冒頭のシーンへとつながっていく。最高に美しい映画を観たような読後感を味わえる1冊なのに、これがノンフィクションだというのだからまた驚いてしまう。

読みながら、数学とは巨大なゲームなのだなと感じた。数学者というのはあまりにも頭がよくて、ずば抜けたスペックを持っている。それで世のなかにある実際的な問題などは、取るに足らないことのように思えてしまう。なかでもひと握りの天才たちは、根源的な数の本質を捉える数論というジャンルに夢中になっていく。その最高難度のゲームでしか、彼らは燃えられないということなのだろう。

数学者が数式を解くのは、それが美しくて、これ以上なく楽しいからだと本書は教えてくれる。数が美しいから魅入《みい》られるし、楽しくてしかたないから解きたくなるというのだ。

フェルマーの最終定理を解いたアンドリュー・ワイルズは言っている。幼少のころから抱き続けてきた夢がここで終わってしまった。これはぼくだけの遊び、ぼくだけの楽しみだったのに。それが終わってしまったのは、うれしい気持ちがあるとともに、心に穴が空いた状態でもある。いまはなにも考えることができない、と。

そう聞くと、なるほどこのひとたちは本当にただただ、楽しいからやっているのだと実感させられる。こういうひとたちのために神様が用意したのが、数学というものなんだろうと思う。自分にはもうこれしかない。そう信じられる究極のゲームに打ち込む彼ら数学者の姿を、愛おしく感じる。

そしてもっとも大事なこと。それはそういった天才たちが世代と時代を超えてバトンを受け継ぎ、大いなる真理にたどり着いたということだ。人生はあまりにも短い。そして自分にできることは限られている。

このゲームを楽しみ尽くして、一体どんなバトンを次の時代に渡すのか。そんな問いが、この本を読むと浮かび上がってくるのだ。

Episode 18

普通ということ

食にまつわるテレビ番組にも多く出演してきたことも関係するのだろう、

「これまでいろいろ食べてきたと思いますが、なにがいちばんおいしかったですか?」

そう聞かれることがある。いつも返答に困ってしまう。

いや、思いつかないわけじゃない。記憶に強く残っているのが、あまりたいしたものじゃないので、言うほどのものだろうか? と戸惑ってしまうのだ。

有力候補のひとつは、テレビのロケで食べた野菜カレーである。入っている野菜は、自分の手でイチから育てたものだった。

ぼくらオリエンタルラジオは当時、「武勇伝」でいきなりデビューして、勢いに乗って冠番組を持たせてもらったものの長く続けることはできず、テレビであまり露出がなくなってしまっていた。

そのころとある番組で、長期ロケの仕事の話がやって来た。房総半島の南端で、オリエンタルラジオのふたりに農業をやってもらう、というものだった。

ところがこの農業ロケが、なかなかヤマ場をつくれぬままで、オンエアの機会も巡ってこない。このままお蔵入りか……。そんな心配が頭をよぎった。

結果的には、一度きりだがオンエアされることとなった。まったくの無駄骨《むだぼね》にはならなかったものの、労力に見合わないという思いは残った。そうした扱いに正直、傷ついた。だって、ロケはすごくきつかったのだ。なにしろ農業をするといっても開墾《かいこん》からはじめたのだから。

スイカをつくってみればイノシシに荒らされたり、トマトを全滅させてしまったり、逆にキュウリはバケモノみたいに育ったり……。とにかくうまくいかない。

そんななか、とりあえずできた野菜をかき集めてカレーをつくった。山の斜面を切り開いた畑の向こうに房総の海が望めた。巨大な石油タンカーが横切っていくのを眺めながら、自家製の夏野菜カレーを食べた。

キャリアの先が見えない芸人コンビの居場所にふさわしく、そこにはなにもなかった。漠《ばく》とした風景が、ただ拡がっていた。

そのときの、夏野菜カレーの味が忘れられない。なぜだか本当においしかった。

自分の身が置かれる状況というのは、完全にコントロールすることなど叶《かな》わない。上り調子だったはずのぼくらが、使われるアテのない長期ロケで山に籠《こも》ることになろうとは、数年前には思いもよらなかった。まあそれでも命をとられるわけでもないぼくらはいいほうだ。生まれる時代や場所、立場を選べるひとはどこにもいないし、生まれたあとだって、定められた運命のようなものに翻弄《ほんろう》されていくことはきっと多い。

自分の思うように人生が運ぶひとなど、きっとひとりもいない。

ならば、自分がどうにかできる、手の届く範囲のことに対しては、できるだけのことをしたほうがいいじゃないか。

自分にはどうしようもないことが多いのならば、それは受け入れたうえで、目の前のことに夢中になるのがいい。

人生をひとつの祭りとみなして、それを楽しみ尽くす。自分にできることをすべてやって、家族を愛し、仲間と笑い、社会にお返しする。

房総の海を横目に、素材から手作りの野菜カレーを食べて心からうまいと感じながら、ぼくはそんなことを考えた。そしてその思いは、いまに至るまでぼくの生き方の根幹を成している。

この本の冒頭で紹介した、祖母の最期《さいご》のときのことをもういちど反芻《はんすう》したくなった。

祖母は今際《いまわ》の際《きわ》に、なんということもない普通のりんごジュースを口にして、おいしかったわ……と呟《つぶや》いた。その言葉を残してこの世を去った。

「普通の」りんごジュースだったんだ。それが大切なことだ。普通のものを特別にしていくのは、そこに至るまでの時間だ。

最後の晩餐《ばんさん》はたぶん、普通でいい。きっと最高においしいから。

そうなるように生きていくってことを、教えてもらったから。

おわりに

自分が何者なのかを知りたかった。うまくやっているだれかが羨《うらや》ましかった。すごいひとに褒《ほ》めてほしかった。だれかに必要とされたかった。そのために、成功することが大事だった。自分のことを、見つけてほしかったから。

成功の光は強烈で、そしてそれは一瞬だ。大陽に雲がかかるように、それはすぐ陰《かげ》る。成功すれば持ち上げられ、秘訣《ひけつ》や行動哲学を訊《き》かれる。いい気になって答えているうちに、もう次の成功者に皆の関心は移っていく。

そうして静寂が訪れたときに、もう一度夜が訪れる。真夜中の深淵が孤立と無力を伝えに来たときに、自分を奮《ふる》い立たせて歯を食いしばる。

「まだやれることがある」

そうやって何度も何度も立ち上がって光をつかむたびに、不死鳥だとか不屈の男だとか呼ばれだした。自分のことを強い人間だと思うようになった。自分のなかの弱さを否定したことで、他者の弱さも許せなくなっていた。そしてその気持ちを隠さなくなった。

わかるひとにだけわかればいい。結果さえ出せばいい。笑われることは少なくなった。しかし恐れられたり、嫌われたりするようになった。

光を何度も浴びたのに、本当に照らされたい部分は闇に包まれていた。もう自分を縛《しば》るものはないのに、自由である気がしなかった。いつもなにかに追われているような気がしていた。ずっと疲れていた。

うすうす感づいていたことだった。この獣道《けものみち》の先に幸福はない。幸福なんて、そんなたいそうなもんじゃない。道の果てに燦然《せんぜん》と輝いているもんじゃない。そこらへんに転がっているありふれたものだ。ありふれているからこそ、それは存在を主張しない。駆け抜ける者の目には映らない。

立ち止まって、愛《め》でる心を持つ者の前に穏やかにあらわれる。たとえばそれは小さな花や、ちっぽけな虫のように。3歳になる息子が路上にしゃがみ込んで、ぼくにダンゴ虫を見せてきた。なにがそんなに嬉しいのか、満面の笑みを浮かべながら。そして、7歳になる娘が、ぼくに恥ずかしそうに言ってくる。「私もいつか、パパみたいにユーチューバーになってみたい」

ぼくは思った。きみが大きくなるころには、もうYouTubeの時代じゃないかもって。でもそんなことは言わなくていいんだ。大切なのは将来なにになるかじゃなくて、かつてどうであったかでもなくて、今日どうあるかだから。

世界は残酷だけど、それでも希望は確かにある。ひとは何者にでもなれる。いつからでも。

2020年8月　中田敦彦

ブックデザイン　bookwall
写真　黒田菜月
組版　キャップス
校正　鷗来堂
構成　山内宏泰
編集　崔鎬吉

中田敦彦

なかた・あつひこ

1982年生まれ。

2003年、慶應義塾大学在学中に藤森慎吾とオリエンタルラジオを結成。04年にリズムネタ「武勇伝」でM-1グランプリ準決勝に進出して話題をさらい、ブレイク。またお笑い界屈指の知性派としてバラエティ番組のみならず、情報番組のコメンテーターとしても活躍。14年には音楽ユニットRADIO FISHを結成し、16年には楽曲「PERFECT HUMAN」が爆発的ヒット、NHK紅白歌合戦にも出場した。マルチな活動はとどまるところをしらず、18年にはオンラインサロン「PROGRESS」を開設。さらに19年からはYouTubeチャンネル「中田敦彦のYouTube大学」の配信をスタートし、わずか1年あまりでチャンネル登録者数が250万人を突破。いまもっとも注目されるユーチューバーでもある。

幸《こう》福《ふく》論《ろん》 「しくじり」の哲学《てつがく》

2020年8月31日 初刷

著者　中田敦彦《なかたあつひこ》

発行者　小宮英行

発行所　株式会社徳間書店
〒141-8202
東京都品川区上大崎3-1-1
目黒セントラルスクエア
電話　編集／03-5403-4344　販売／049-293-5521
振替　00140-0-44392

本文印刷・製本　中央精版印刷株式会社

カバー印刷　近代美術株式会社

ISBN978-4-19-865142-8